歴史文化ライブラリー
8

卑賤観の系譜

神野清一

吉川弘文館

目次

良と賤

身分と差別

近代社会の基盤

一九四五年——敗戦の年、筆者は五歳であった。疎開《そかい》先から空襲の爪《つめ》痕《あと》も生々しい名古屋に戻ったが、私たち子供は、その後数年間、焼け跡の瓦礫《がれき》の中を遊び場としなければならなかった。夕陽が沈みかけ、近くの民家からラジオ放送の音声が聞こえ始めると、遊びの輪から仲間の姿が一つ二つと消えてゆく。今や、セピア色になりつつある私の幼年時代の心象《しんしょう》風景であるが、当時のラジオ放送（まだＮＨＫしかなかった）で、語呂《ごろ》もよかったからか、強く印象に残った言葉があった。それは、「天は人の上に人を造らず、人の下に人を造らず、と云えり」である。後になって、これは福沢諭吉《ふくざわゆきち》の『学問のすすめ』の冒頭に使われている名句であり、もとはアメリカの『独立宣言』に記された文言であることを知ったが、当時、この文句は毎日のように繰り返してアナウンスされていた記憶がある。おそらく、占領軍による日本民主化政策の一環として、この近代社会の基盤ともいうべき平等思想を謳歌する名言を用いて、人権思想を高めようとしたものであったのだろう。

敗戦後、最初に迎えた元旦に、昭和天皇は自ら現人神《あらひとがみ》であることを否定し、人間であることを宣言した。翌一九四七年五月、主権在民・象徴天皇制・戦争放棄を基本原則とする日本国憲法が施行され、明治以来、皇室の「藩屏《はんぺい》」として特権を有してきた華族《かぞく》（公・侯・伯・子・男の爵位をもつ、旧公家・藩主・維新の功臣・大社の神官・大寺の僧侶等）が消滅することになった。また、農地改革の実施によって、地主・小作制のもとに、農村に生き続けてきた封建的身分関係や思想も解消されることになった。

筆者が小学校に上がったのは、この一九四七年四月であり、民主教育を理念とする教育基本法と学校教育法が公布され、「六・三制教育」が始まった年であった。しかし、教育の現場は条件が整っておらず、一学期終了時にはまだ、「通信簿《つうしんぼ》」と呼ばれた成績表は貰えなかった。二学期の終わりに手にした初めてのそれは、「国民科」「体練科《たいれんか》」などの旧教科が印刷された戦前の通信簿に、ざら紙へガリ版印刷した成績表を貼りつけたものであった。教師たちは一転して平和と民主主義を唱え始め、児童の自主性や批判力をつけるために「自由研究」という教科が設けられたりした。こうして、あわただしく教育の民主化が進められたが、校舎の隅にある倉庫の奥には、まだ軍事教練用の木製銃や錆《さ》びたサーベルなどがしまい込まれていた。子供たちは、教室では平和教育を学んだが、校庭では先生の目を盗み、サーベルや模擬銃を振り回して戦争ごっこに熱中していた。だが、人間は平等であるという先生の言葉は、当時クラスの大半が戦火にあい、日々の食物にも事欠くという共通の生活条件におかれていたこともあってか、違和感なく受け止められていった。筆者は、まぎれもなく戦後民主教育の申し子のひとりであり、以来、人は誰もが対等であり、人が相互に平等な関係にあることこそ民主主義の根幹であるという信条をもち続けてきた。

身分と差別

しかし、戦後五〇年を経た今日の日本社会には、在日朝鮮人やアイヌへの差別、被差別部落出身者への偏見と差別、不況になればたちまち女子学生に集中する就職難に典型的に見られる女性差別等が根強く残存している。また、昭和天皇の「御大葬《ごたいそう》」や平成天皇の「即位儀礼」等が古式床《ゆか》しく盛大に実施され、その際、時の首相が臣下の礼をとったことが、世の物議を醸《かも》して日も浅い。偏差値によって子供を分別する現代の教育は、自己中心的で拠《よ》るべき価値観をもたない国民を、拡大再生産しているようにも思われる。「いじめ」に象徴される子供の世界は、弱者や少数民を実質上排除している現代日本社会の縮図ともいえよう。

近代社会が成立する以前には、社会的な差別はその時々の身分制として法的に固定されていた。生まれによって、貴族とか武士とか農民という身分が決められ、法により階級的差別ないし経済的な差別待遇が定められていた。奴隷や農奴《のうど》を親にもつ子は、親と同様に主人に隷属し、その支配を受けた。えた・非人など近世の賤民は、「士・農・工・商」という身分秩序のさらに下に置かれ、社会的な卑賤視を受けた。ここでいう身分とは、今日、私たちが勤務先から支給される身分証明書のそれとは違い、階級的な序列ないしは、特権と差別をともなう人間の社会的関係を法的、政治的に固定したものである。むろん、現憲法下ではこのような意味の被支配身分は存在しない。ただ、天皇と皇族のみが、特別法規によって世襲的にその特殊な社会的地位を保証されているのみである。本書は、先述のような、現代社会に残存する差別の由縁を直接に問題とするものではない。身分と差別を最初に生み落とした古代にさかのぼり、卑しい身分とされた人びとが、何故に差別されることになったのかを解明してみようとするものである。いわば、歴史の原点に帰ることにより、見えてくるものもあると思うからである。

古代の身分制

華と夷の身分体系

日本古代の身分制は、東アジアにおける先進国家隋唐《ずいとう》帝国の律令を継受することによって基本的に成立したものであるが、それは構造的には二つの身分体系から成る。すなわち、天皇を中核とする王権の版図《はんと》の外側に向かって設定された身分体系と、王権内部にしかれたそれである。これらはどちらも、すでに歴代の中国王朝において実施され、試され済みの支配の理念・方式の模倣であって、自前《じまえ》の身分制度ではない。部分的には、日本の事情に合わせて手直ししたり、あるいはカットしたりした部分もあるが、紛《まぎ》れもなく「輸入」された身分制であった。

前者は、天皇に従属し、その礼的秩序《れいてきちつじょ》の内部に組み込まれた内国《うちつくに》（『日本書紀』神武即位前紀己未年三月丁卯条には「中洲之地《うちつくに》」と記す）の民と、その外にあって、時に王権に敵対する「夷狄《いてき》」や、朝鮮半島からの渡来民である「諸蕃《しょばん》」を対置させる、いわば対外的に設定された身分制である。華《か》と夷《い》の身分体系ともいうべきもので、「華夷思想《かいしそう》」に基づき、天皇（中国では皇帝）の支配する王土（華夏《かか》の地という）を文明世界とし、その外部にある諸国や民族を、「蕃国」・「夷狄」とみなして蔑視するものである。

礼の秩序というのは、天皇を最高の司祭者《しさいしゃ》として、宮中から王都、さらに王土の隅々まで繰り広げられる儀式や祭祀と、これによって実現される儒教的モラルに基づく君臣・長幼・親と子等の序列を中核とした政治的・思想的秩序のことである。この礼的秩序の内には、氏姓を与えられ、王権に仕奉《しぶ》ないし従属する貴族官人層と、「天下百姓《あめのしたのおおみたから》」（『日本書紀』持統七年正月壬辰条）と総称された課役負担民、さらに、エミシ（蝦夷）と呼ばれた列島東北部の住人で、律令国家との戦いで捕虜とされたり、王権に「帰順《きじゅん》」せしめられて内国に取り込まれた「俘囚《ふしゅう》」・「夷俘《いふ》」あるいは「田夷《でんい》」、九州南部の住人で「隼人《はやと》」と呼ばれた人びとなどが含まれた。このうち、俘囚と隼人は、内国民（化民《けみん》）ではあったが、特殊な身分として、卑賤視と差別を受けた。

俘囚身分は、その文献上の初見が七二五年（神亀二）であることから、八世紀に入ってから成立した身分と考えられる。俘囚には「俘囚料稲《ふしゅうりょうとう》」と呼ばれる公粮《こうろう》が支給され、当初は調庸も免除されていた。律令政府は、八世紀末以降、諸国の乗田《じょうでん》を「俘囚田」として班給したりしたが、九世紀初葉ごろまで、彼らは田租《でんそ》を納める義務をもたない民であり、国家のおこなう賑給《しんごう》（貧民救済のための救援米の支給制度）の対象からも除外されていた。移住先では、彼らだけで「俘囚郷《ふしゅうごう》」を構成する場合が大半であり、一般の百姓とは異質の存在であった。もともと、俘囚には王化を求めて帰降した化外《けがい》の民という性格と、国家に反抗する「夷狄」の俘虜であるという二つの性格があったが、この俘囚の語に端的にうかがわれる虜囚《りょしゅう》的性格にたいする卑賤視はかなり強かったようである。

蝦夷と南島人

一方、天皇によってもたらされる礼の秩序が及ばない、未開で野蛮な「辺の土《ほとりくに》」の住人である「夷狄」とされたのが、北方のエミシと南西諸島の住人である「南島人」であった。とりわけ、「東の夷《あずまひな》」にあって、「王化」を頑迷《がんめい》にこばみ、討伐しようにも勇猛でなかなか王権に服属しないエミシは、それゆえに、禽獣《きんじゅう》と違わぬ「夷狄」として卑賤視された。もっとも、『日本書紀』などに記されるエミシの習俗は、『礼記《らいき》』や『史記《しき》』等からの引用であることが多く、実際の「蝦夷《えぞ》地」が、まったくの未開の地であったとすることはできない。近年では、「蝦夷地」にも、比較的早くから稲作農業が取り入れられていたことがわかっている。エミシが「夷狄」として卑賤視されるようになるのは、律令国家成立以後のことであり、俘囚身分が成立する八世紀初葉がその画期であったともいわれている。

また、「南島人」の住む南西諸島は、「蛮《ひな》の居所《いどころ》」と呼ばれ、「東夷《とうい》」に対する「南蛮《なんばん》」として位置づけられたものと考えられる。偶然ではあるが、日本列島の東北部と、その反対の南西部に「夷狄」身分が配置されたことになる。東北（艮《こん》）の方位は、いわゆる「鬼《き》門《もん》」にあたる。鬼の住処《すみか》として、人びとの忌《い》む方位である。南西は「裏鬼門《うらきもん》」にあたる。

七一五年（霊亀元）の元旦のことである。元明《げんみょう》天皇は大極殿《だいごくでん》で、百官の賀を受ける朝《ちょう》賀《が》の儀式をおこなったが、この時、陸奥《むつ》・出羽両国の蝦夷《えみし》と、南島の奄美《あまみ》・夜久《やく》・度感《とかむ》・信覚《しがく》・球美《くみ》等の人びとが参列し、それぞれの産物を奉《たてまつ》った。正月十五日には、来朝した七七人の蝦夷・南島人たちに、位階が授けられた。朝賀は拝賀《はいが》・朝拝《ちょうはい》などとも呼ばれ、重要な天皇の儀式の一つであった。そのような朝賀の儀式への「夷狄」の参列および朝貢は、成立後まもない日本律令国家の権威を高めるための「舞台装置」の役割を担っていたのである。

さらに、律令国家は朝鮮の新羅《しらぎ》などを「蕃国《ばんこく》」扱いしたり、六世紀以降、半島から日本

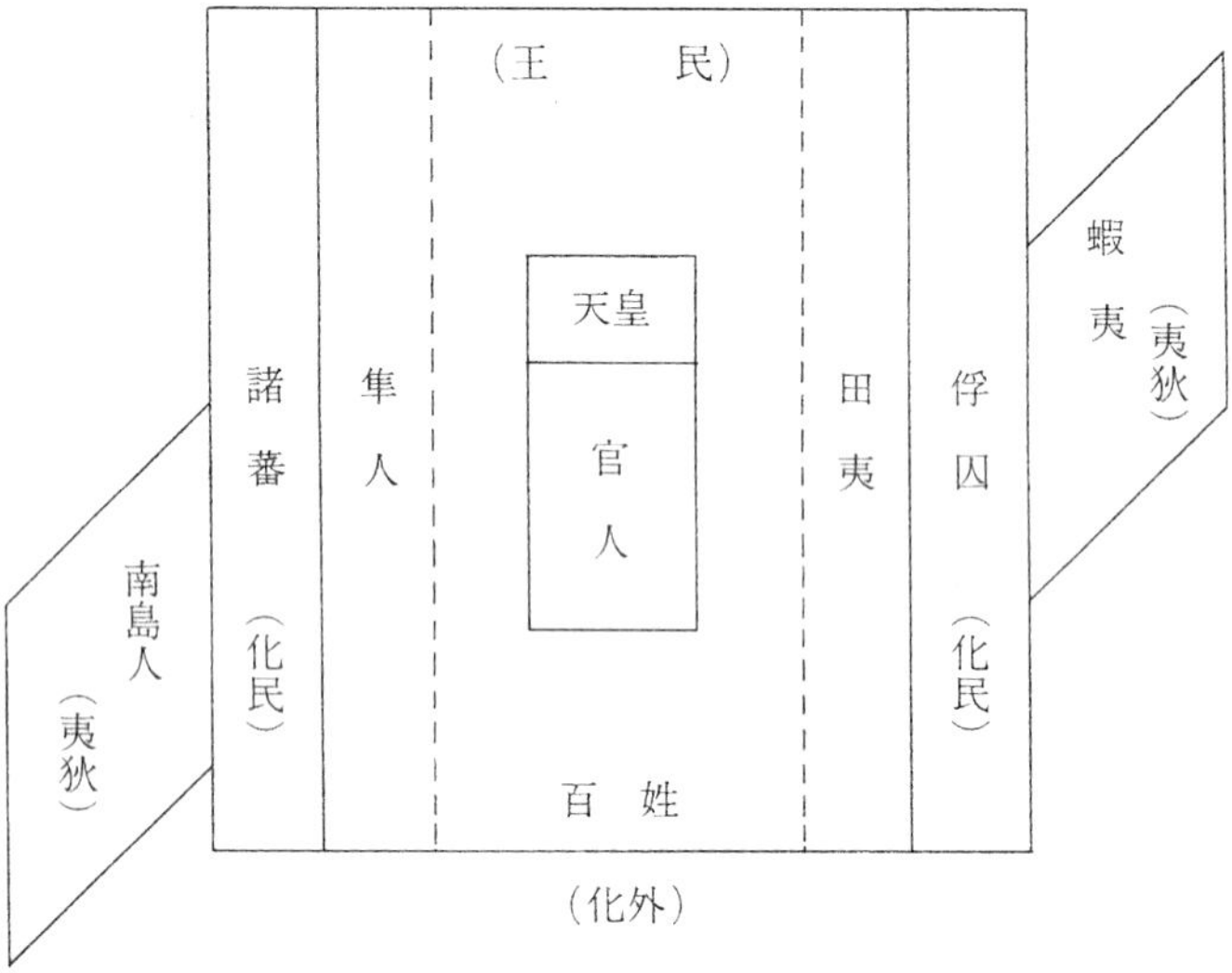

図1　古代の身分体系1

列島に移住してきた人びとの子孫を、とくに「諸蕃《しょばん》」として他と区別した。これは朝鮮半島にたいする日本の優越的地位を顕示《けんじ》するための政治的措置であった。実態のともなわない、まったくの擬制《ぎせい》にすぎなかったが、後発《こうはつ》の日本律令国家としては、こうした虚偽的身分構造を標榜《ひょうぼう》することによってしか、国際的に天皇（国家《みかど》）の権威をしめす方法はなかったのである。

誤解を恐れずに、以上に述べた身分構造を図示すれば、図1のようになろう。要するに、この第一の身分体系は、王権の周辺に、王化を慕い、天皇権力に服する異国ないし異民族を配置するという政治的役割を負うものであり、成立当初から、すでに実態をともなわない観念的なものであったのである。

良と賤の身分体系

もう一つの身分体系は、唐の良賤《りょうせん》制を一部改変して導入された律令制的身分制である。良賤制とは、内国の人民を良・賤二つの国家的身分に区分し、それぞれの身分は世襲とし、良賤通婚《りょうせんつうこん》の禁止を原則とする身分制をいう。中国においては、良と賤を区分する基準は「礼《れい》」の観念であった。良は礼的秩序内の人に付与される身分であり、賤身分にされたものはこれと無縁の存在であるとされた。良人は皇帝権力を支え、その意向《いこう》に沿う人民であり、賤人《せんじん》はこれに背《そむ》き、社会秩序をこわす罪人や盗賊などと同類である、と考えられていた。

わが国の良賤制でも、良人は礼的秩序の担《にな》い手であり、これには、天皇(君)の臣である貴族・官人層、人口の大部分を占め、天皇の民として調庸その他の課役を負担する百《ひゃく》姓《せい》、さらに品部《しなべ》・雑戸《ざつこ》と呼ばれる雑色人《ぞうしきにん》などが含まれていた。ここでは、天皇は、人民の良賤を定め、時に良人を賤に貶《おと》したり、逆に賤身分のものを解放して良人とすることもできる唯一の存在であった。天皇(および皇親)は、したがって、良・賤二つの身分からは超越した存在であった。貴族・官人層は、天皇との間に君臣関係を取り結び、その関係は「君をば天《あめ》とし、臣をば地《つち》とす。天は覆《おお》い、地は載《の》す」(「憲法十七条」の第三条)などとされた。貴族・官人層は、八世紀の天皇の詔勅では、「諸臣・百官人」ないし「王臣・百官人」などと表記されたが、その内部には位階をもつ有位者集団(狭義の官人層)と無位の官人集団が存在した。前者は官位令に官位相当を規定された官人と、官位相当はないが、特殊な技能をもって官司に常勤し、叙位の方式などが四等官《しとうかん》と同じである才技長上《さいぎちょうじょう》と呼ばれる官人から成る。このうち、五位以上の位階を有するものを貴族と呼んだ。貴族と非貴族である初位《そい》から六位までの有位者では、政治的にも経済的にも雲泥《うんでい》の差があった。貴族は特権的身分であったが、さらにその内部でも、三位以上の位階を帯びる貴《き》と、四位・

五位の通貴《つうき》と呼ばれた中・下級貴族では差があった。中央の諸官司や大宰府《だざいふ》および諸国司の主たる官人（四等官・品官《ほんかん》）である職事官《しきじかん》には、有位者しかつけなかった。これにたいして、無位の官人層の場合は、諸官司の下級職員として、交替で勤務した。彼らは、もともと百姓身分に属する人びとが、律令官司の末端部分を担うため番上《ばんじょう》したものである。いわゆる入色人《にゅうしきにん》であり、庸《よう》・雑徭《ぞうよう》等の課役を免除されるだけのささやかな「特権」をもつ階層であった。彼らは雑任《ぞうにん》と総称され、史生《ししょう》（下級書記）・左右大舎人《おおとねり》・坊《ぼう》舎人・中宮《ちゅうぐう》舎人・伴部《ともべ》・使部《しぶ》・兵衛《ひょうえ》などの任についたのである。

次に、百姓身分であるが、古代では「ひゃくせい」と読む。百姓という語は、はじめは皇族以外のすべての有姓者をさす語であったが、七世紀末の天武・持統朝に、天皇の「調庸の民」をさす身分呼称となったものである（梅村喬「古代百姓観の展開」『愛知県立大学文学部論集（一般教育編）』三三、一九八三年）。すでに隋・唐において、この被支配身分呼称としての百姓の語は用いられていた。中国では、百姓とは「君子《くんし》」の徳治《とくち》の対象である民《みん》をさしたが、このように君主と百姓を結びつける思想も、たとえば、「天子の百姓《みかどのおおみたから》」（『日本書紀』履中天皇五年十月甲子条）の用例から、わが国の支配者に採用されたと考えてよかろう。ところで、百姓はオホミタカラと訓読され、天武・持統朝の詔《みことのり》に「天下の百姓《おおみたから》」

などと記されている。同様のよみをする語に、「集《うごなわ》り侍《はべ》る皇子《みこ》等《たち》・王《おおぎみ》等・百官人等・天下公民《おおみたから》」（『続日本紀』文武天皇元年八月庚辰条）に見られるような「公民」の語がある。公民の概念は、百姓とほとんど同じであると見てよい。すこし違うのは、百姓であっても、寺社等の封戸《ふご》とされた民や、課役を規避《きひ》して、浮浪《ふろう》・逃亡した人びとは、公戸《こうこ》、つまり、戸籍に編附《へんぷ》され、口分田《くぶんでん》を班給されて国に課役を負担する民からなる戸ではないとされ、公民とは呼ばれなかったことである。公民の語は百姓概念より狭く、かつ、成立も律令制がしかれる七世紀末ごろであり、国家の個別人身支配の直接の対象となる課役負担民を呼んだ語であったと考えられる。百姓の語は律令に見えるが、公民はまったく見えない。中国では用いられなかった被支配身分呼称である。公民の語はその後、個別人身支配の破綻にも因《よ》って、しだいに使用されなくなるが、百姓は律令制の変質・解体後もその概念内容を変化させせつつ次代に受け継がれていった。百姓の語が、死語《しご》となりつつあるのは、つい昨今のことである。

さて、良人身分の最末端におかれたのは、品部《しなべ》と雑戸であった。彼らは、諸官司に所属し、特定の職業を強制されていた民であり、かつての手工業部民《べみん》の系譜につながる技術をもった人びとである。

品部と雑戸

品部と雑戸は、しばしば並称されるので、両者は混同されることがある。だが、両者には、職掌の上でも、国家による身分上の取り扱いにおいても、はっきりした違いがあった。職掌の面では、ともに特定の職業に従事したり、一定額の製品を貢納する義務を負うものであった。具体的には、養老令や、大宝令の官員令別記《べっき》に規定されている品部名・所属官司・戸数・負担の免除等の一覧（表1）と、雑戸のそれ（表2）を見ていただきたい。品部には、紙の製作・酒の醸造・高級織物づくり・染色・狩猟用の鷹と犬の飼育および調教・音楽の伝習、そのほかさまざまな技芸にわたる人びとがふくまれていた。畿内および近国に居住し、上番《じょうばん》してそれぞれの職務に服したり、あるいは一定量の製品を貢納したのである。

一方、雑戸の場合は、供御《くご》の靴・履《くつ》・鞍具《くらぐ》等の皮革製品や筥《はこ》づくりのほかは、各種の武器・武具の製作と、官馬の飼育・調教などに従事する人びとが目立つ。主として、雑戸は軍事的生産にたずさわる旧職業部《しょくぎょうべ》を、令制下でも解放せずに、彼らの技術を世襲させるために、諸官司の掌握下においたものである。八世紀初葉には、畿内と近国に、一六〇三戸にのぼる雑戸が存在した。品部は一般の公戸民と同じように、居住する国郡の戸籍に編附されたが、雑戸は特別な雑戸籍《ざっこせき》につけられた。品部には、職務を世襲する恒常的な「常《つね》

表1　品部一覧表

所属官司名・品部(養老令)		品部名・戸数(官員令別記)	負担免除
中務省図書寮	紙戸	紙戸 50　(借品部)	調 雑 徭
治部省雅楽寮	楽戸	伎楽 49　木登 8　奈良笛吹 9	雑　徭
兵部省造兵司	雑工戸	爪工 18　楯縫 36　幄作 16	徭　役
〃　鼓吹司	鼓吹戸	大角吹 218	調　役
〃　主船司	船戸	船守戸 100	〃
〃　主鷹司	鷹戸	鷹養戸 17	〃
大蔵省(直属)	狛戸	忍海戸狛人 5　竹志戸狛人 7　村々	〃
〃	〃	狛人 30　宮都狛人 14　大狛染 6	〃
〃	〃	衣染 21　飛鳥沓縫 12　呉床作 2	雑　徭
〃	〃	蓋縫 11　大笠縫 33　模(桉)作 72	〃
〃　漆部司	漆部	漆部 10	調　役
〃	〃	泥障 2　革張 1	徭　役
〃	〃	限外漆部 5　同泥障 8　同革張 3	〃
〃　織部司	染戸	錦綾織 110　呉服部 7　川内国広絹	〃
〃	〃	織人等 350　緋染 70	〃
〃	〃	藍染 33	調　役
宮内省大膳職	雑供戸	鵜飼 37　江人 87　網引 150	調 雑 徭
〃	〃	未醤 20	雑　徭
〃　大炊寮		大炊戸 25	〃
〃　典薬寮	薬戸・乳戸	薬戸 75　乳戸 50	調 雑 徭
〃　造酒司	酒戸	酒戸 185	〃
〃　園池司	園戸	園(戸脱カ) 300	〃
〃　土工司	泥戸	泥戸 51	調 徭 役
〃　主水司	氷戸	氷戸 144	調 雑 徭

表2　雑戸一覧表

所属官司名・雑戸(養老令)		雑戸名・戸数(官員令別記)	負担免除
中務省内蔵寮	百済手部	百済手部 10	調　徭
〃	百済戸	百済戸 10	〃
兵部省造兵司	雑工戸	鍛戸 217　甲作 62　靭作 58	調　役
〃	〃	弓削 32　矢作 22　鞆張 24　羽結 20	〃
〃	〃	桙刊(削カ) 30	〃
大蔵省(直属)	百済手部	百済手部 10	〃
〃	百済戸	百済戸 11	〃
〃　典鋳司	雑工戸		
宮内省鍛冶司	鍛戸	鍛戸 338	調　徭
〃　筥陶司	筥戸	筥戸 197	調　役
左馬寮	飼丁	馬甘 302	調 雑 徭
右馬寮	〃	馬甘 260	〃

注　このほかに、鞍作（造兵司雑工戸カ・戸数不明）がいた（『続日本紀』天平勝宝4年2月己巳条）。

雑戸の品部《しなべ》」と、臨時に一般公戸民を充てた「借《かり》の品部《しなべ》」の別があったが、前者とても、雑戸にくらべれば官司への隷属度はゆるやかであり、社会的にも卑賤視された形跡はない。身分上は、ほとんど普通の百姓と変わらなかったと考えられる。しかも、八世紀初葉から停廃されるものが出はじめ、七五九年（天平宝字三）には、「世業《なりわい》を相伝《そうでん》」するものを除き、すべての品部は停廃されて公戸に混入されてしまう。品部の公戸化は平安時代にはいってもすすみ、十世紀の『延喜式《えんぎしき》』段階では、借の品部として兵庫寮の鼓吹戸《こすいこ》が唯一みえるにすぎない。

品部・雑戸に充てられた人びとの祖先の多くは、「今来《いまき》の漢人《あやひと》」などと呼ばれた朝鮮半島から渡来した技能民であったこともあって、これを後の被差別部落の源流と見るむきもある。だが、品部よりも卑賤視され、賤身分に準ずる扱いを受けたとされる雑戸の場合でも、八世紀後半には、雑戸籍ではなく、一般戸籍に付されるようになり、品部的扱いがされるようになる。『延喜式』段階では、木工寮の鍛戸《かぬちこ》・左右馬寮《めりよう》の飼戸《しこ》・兵庫寮の雑工戸《ざつこうこ》などがまだ規定されていたが、そのころには、すでに関係官司に付属する資養農民《しようのうみん》的存在に変質していたという（新井喜久夫「品部雑戸制の解体過程」『日本古代の社会と経済』上、吉川弘文館、一九七八年）。ともに、中世以降の被差別民等とは、系譜的にもつながらず、ましてや、近代の被差別部落民の源流ではあり得ない。

五色の賤

賤身分の中核は、奴婢であり、官奴婢《かんぬひ》(公《く》奴婢)と私《し》奴婢の区別があった。犯罪を犯して官に没身《ぼっしん》されたものは、基本的には官奴婢とされた。さらに、七〇一年の大宝令から、上級賤身分として官戸《かんこ》・家人《けにん》などの身分が加えられた。官戸身分は、六六歳(戸令の年齢区分で耆《き》という)以上の官奴婢や、唖者とか手足を失ったり腰や背中の骨折等で障害者となり、「廃疾《はいしつ》」と認定された官奴婢などに、自動的に付与された。また、謀反《むほん》や大逆《たいぎゃく》の罪を犯したものの父子で、官《つかさ》に没身された場合とか、私鋳銭《しちゅうせん》、つまり、贋金《にせがね》づくりの従者なども官戸身分におとされた。ふつうの官戸は七六歳で解放されたが、反逆罪に縁坐《えんざ》して官戸とされたものは、八〇歳まで官において駆使《くし》された。官戸・官奴婢は、官奴司《かんぬし》の支配下におかれ、諸官司の雑役労働等に充てられた。官戸・官奴婢・家人・私奴婢に加えて、七一八年(養老二)成立の養老令から、陵戸《りょうこ》が賤身分とされ、合わせて「五色《ごしき》の賤《せん》」と呼ばれることになる。陵戸は、諸陵司《しょりょうし》の支配下に置かれ、歴代の山《さん》陵《りょう》を守護し、その灑掃《さいそう》に充てられた人びとである。

この良賤の身分制は、第一のそれが国土を水平に広がる身分秩序を示すものであるのにたいし、社会を垂直に区分する身分秩序であったともいえよう。そして、天皇を頂点とし、

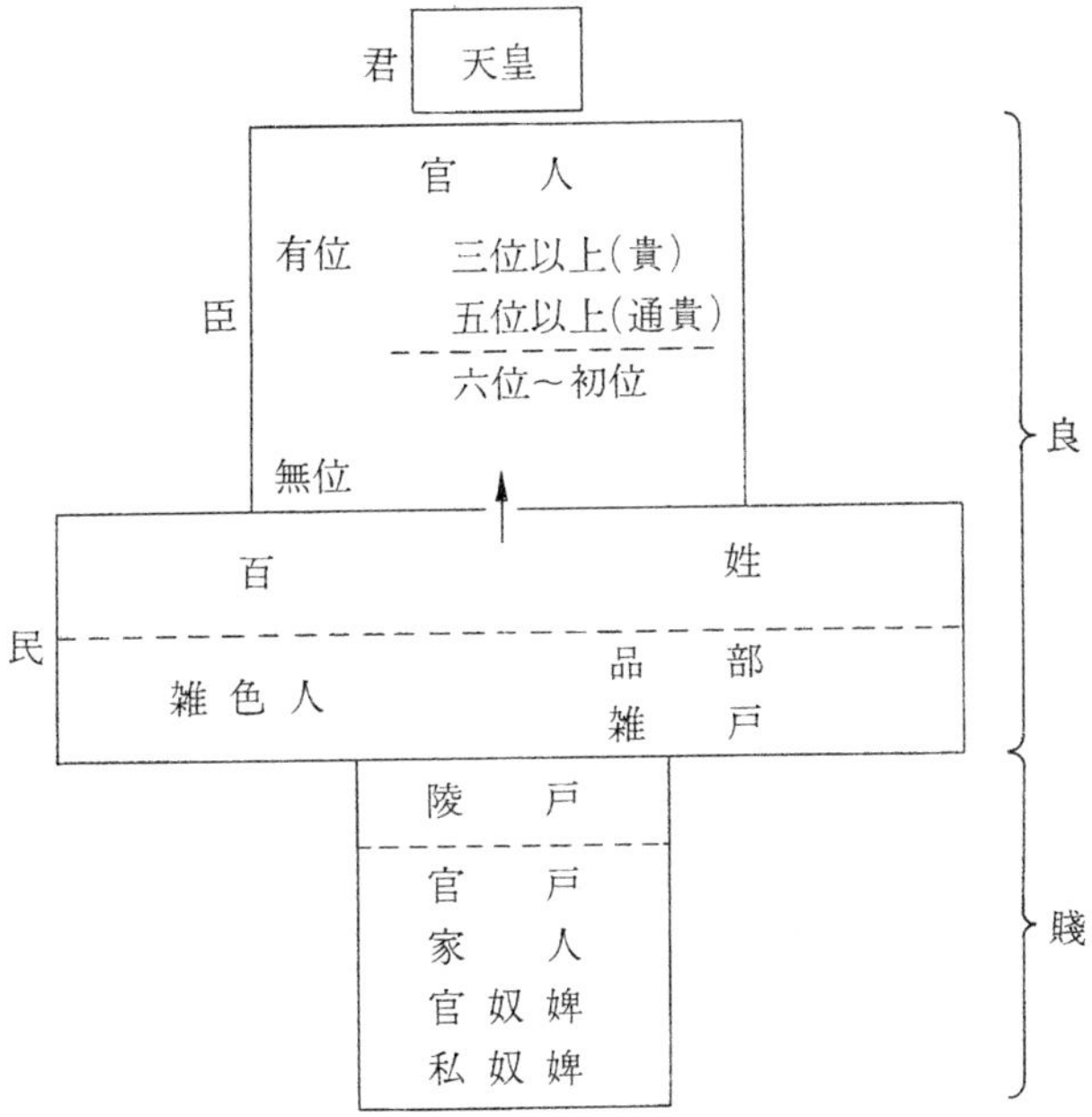

図2　古代の身分体系2

奴婢を最末端に配置する、現実の階級関係に基づくあからさまな身分関係に、この良賤制という外来の身分制のベールを重ねることによって、実は同じく良人身分とされている貴族・豪族と、百姓・雑色人の間の矛盾を覆《おお》い隠す役割を果たした、ともいえよう。

この第二の身分体系を図示すれば、図2のようになる。日本古代の身分制は、構造の上ではこのような二つの身分体系・身分秩序より成り立っていたと考えられるのである。

姓の身分秩序

ところで、かつて、石母田正《いしもだしょう》は律令制下の身分制研究史上、画期的な業績（「古代の身分秩序――日本の場合についての覚書」『古代史講座』7、学生社、一九六三年）をあげた。石母田の論文は、身分制について、個々の身分に関してではなく、身分の体系を問題とし、その構造上の特徴を論じた最初のものであった。

石母田は、律令制下には、①王臣・百官人・公民・品部・雑戸・賤民からなる身分秩序と、②カバネによる身分秩序とが併存《へいぞん》しており、前者は律令国家内での地位・特権・名誉・諸負担等との関連を、法的に明確にした社会諸集団の身分秩序であり、後者は令制以前に起源をもつ伝統的なそれであるとする。また、たとえば、石作部《いしつくりべ》や久米部《くめべ》などの部、酒人《さかひと》・宍人《ししひと》の人、県主族《あがたぬしぞく》・山背忌寸族《やましろいみきぞく》などの族を、一般庶民に与えられたカバネであると考え、②の身分秩序では、天皇と賤民のみがカバネをもたないことから、二つの身分秩序の構造的特質は、ともに天皇と賤民が両端をなすことであるとしている。

石母田が、部・人・族などを、真人《まひと》・朝臣《あそん》・宿禰《すくね》・忌寸《いみき》・道師《みちのし》・臣《おみ》・連《むらじ》・稲置《いなき》等の八色《やくさ》のカバネ（六八四年制定）と同じカバネと解した点は、その後の研究では否定的である。石母田は、カバネの秩序に組み込まれた人びとが良人とされ、旧来のヤツコなどの賤民の一部を賤身分としての奴婢身分とし、彼らから氏とカバネを称する権利を奪って、良人との区別をしたとも述べていた。だが、奈良時代の民政文書である戸籍・計帳《けいちょう》や、諸国から京に貢進される物品等の付札木簡《つけふだもっかん》には、例外として無視することができないほどの、無カバネの人びとが記載されているし、忌部直《いんべのあたい》のごとく、二つのカバネが並ぶものもでてきてしまうから、石母田がカバネの秩序として述べた事柄は、今日言うところの姓《せい》についての秩序であるとすべきであろう（加藤晃「我が国における姓の成立について」『続日本古代史論集』上、吉川弘文館、一九七二年）。良人身分を明示する標識は、臣・連等のカバネではなく、姓（たとえば衣縫《きぬぬい》連大床・秦《はた》少邇といった人名から個人名を除いた衣縫連・秦）を有することであった。

右のような意味での姓《せい》の身分秩序は、華《か》と夷《い》の身分秩序・良賤の身分秩序とも深く結びあっていた。有姓者＝良人、無姓者＝賤であり、ここでも天皇は唯一の姓の賜与貶奪者《しよへんだつしゃ》として、この身分秩序を超越したところにいた。したがって、天皇と皇親は姓をもたない。今日でも、昭和天皇は裕仁《ひろひと》、現天皇は明仁《あきひと》であり、皇太子は徳仁《なるひと》であって、姓はない。古代中国の場合は、漢の高祖《こうそ》が劉《りゅう》という姓を有したように、皇帝やその一族にも姓があった。令制下の姓は、中国の父系的な姓の制度を導入したものであり、大伴連《おおともむらじ》・赤染造《あかぞめのみやつこ》のような、ウジ名とカバネを含む姓は、六七〇年の庚午年籍《こうごねんじゃく》によって、はじめて現われるものであるとされている。ウジ（氏）というのは、五、六世紀以降、大和政権を支えた中央豪族等の支配層が形成した政治的・族的な組織である。これには、大伴氏や物部《もののべ》氏などのような、政権内部における職掌をウジ名とする場合と、葛城《かつらぎ》・平群《へぐり》などのような大和の居地《きょち》名《めい》によるものがあった。だが、中国の姓の制度の基盤となった、父系同族団体（宗族《そうぞく》）にくらべれば、わが国のウジの組織は、地方では国造《くにのみやつこ》級豪族あたりまでしか及ばず、きわめて狭小なものであった。五世紀中葉ごろまでには、一種の尊称《そんしょう》として成立していた臣・連等の称号も、大和政権の発展にともなって、その世襲化がすすみ、政権内部における地位を表わすカバネとして、大王より与えられるものとなっていった。このカバネによる身分秩序は、いうまでもなく、諸臣・百官人を対象としたものであり、ごく狭い範囲にしか及ばない。したがって、中国の姓制度をそのまま持ち込むには、どだい無理があった。

中国では、古くから父系の同族団体を基礎に、奴婢を除いて、皇帝から一般庶民まで姓をもっていたが、わが国の場合、人口の大部分を占める部民等の庶民層は、七世紀半ばすぎごろでも、その大半がまだ無姓であった。部民はウジの隷属民であり、ウジに属するが「氏人《うじびと》」ではなく、ウジ名やカバネとは無縁であった。

そこで、姓の制度を導入するに際して、わが国では、ウジ名＋カバネを姓の中核とし、王権への臣属関係を表わすものとして姓を位置づけた。したがって、姓は天皇が与え、かつ、奪うものであって、天皇自身は、その秩序の枠組みの外に位置しなければならなかったのである。ここに、天皇が無姓である歴史的理由がある。同じく、無姓者であっても、奴婢などの賤のそれは、まったく意味が異なる。奴婢が無姓であるのは、礼的秩序の担い手である有姓者（良人）と区別される存在であり、王権により、姓を帯びることを拒否されているものであることを表わすものである。

令制以前の社会では、豪族層に隷属する人びとには部民的な階層から奴婢などの奴隷まで、さまざまのレベルの隷属民がいた。右に述べたような意義を有する姓の秩序に彼らを組み込むには、部民が解放され、豪族の私有民から天皇の臣民となることが必要であった。六七五年（天武四）の部曲《かきのたみ》廃止を経て、六九〇年（持統四）に実施された造籍《ぞうせき》（庚寅年籍《こういんねんじゃく》）

により、旧部民にも姓が与えられ、こうして、初めて全人民が姓の秩序に取り込まれることになった。姓は父系で受けつがれることになり、天皇の許可なく、改姓することはできなかった。

削除された士農工商の身分規定

ところで、以上に述べてきた身分制は、いずれも国家的ないし政治的な身分制である。生業ないし世襲化された職業に基づく身分制ではなく、政治的に仕分けされ、序列化された抽象的な身分制である。しかも、いずれも中国から移入されたものである。列島社会における人間活動の中から、社会的な分業が生まれ、その結果として自生的に成立してきた身分制では必ずしもない。分業に基づく身分制が、どの程度、形成されていたのか、あるいはそうした列島に固有の身分制は成立していなかったのか、これらの問題はまだ、ほとんど未解明といってよい。

中国では、古く、春秋時代の文献である『管子《かんし》』に、士農工商《しのうこうしょう》の四民《しみん》を国の礎《いしずえ》であるとする思想があり、『漢書《かんじょ》』食貨志《しょくかし》序に、「士・農・工・商の四民に業《なりわい》あり。学びて以て位に居るを士と曰《い》い、土を闢《ひら》き、穀を殖《う》えるを農と曰い、巧《こう》を作《な》し、器《うつわ》を成すを工と曰い、財を通じ、貨を鬻《ひさ》ぐを商と曰う」とみえる。このような士農工商の定義は、後漢《ごかん》末の何《か》休《きゅう》の『春秋公羊解詁《しゅんじゅうくようかいこ》』成公《じょうこう》元年（紀元前三二一）条にもあり、「昔は、四民がいた。一つは、徳や能力によって位に居る者で、士といい、二つは、土地を開いて穀物を植え付ける者で、農といい、三つは、頭を使い手を動かして器物をつくる者で、工といい、四つは、金品を流通させる者で、商といった。四民が互いに他を兼ねることがなくて、はじめて財政が豊かになる」（岩本憲司『春秋公羊伝何休解詁』汲古書院、一九九三年）としている。そして、『旧唐書《くとうじょ》』巻四八食貨志に「武徳《ぶとく》七年（六二四）始めて律令《りつれい》を定む。（中略）士農工商四人、おのおの其の業を専《もっぱ》らとす」とあり、復元された唐の戸令《これい》には「諸文武を習学する者を士と為し、耕桑《こうそう》に肆力《しりょく》する者を農と為し、巧作《こうさく》・貿易《ぼうえき》する者を工と為し、屠沽《とこ》・興販《こうはん》する者を商と為す。工商の家は、士に預かることを得ざれ。食禄《しょくろく》の人は下人《げにん》の利を奪うことを得ざれ」（仁井田陞『唐令拾遺』戸令二六条）と見える。これによると、士は文官・武官などの官吏や学者をさし、農は農桑に努力するものであり、工は工作して器物を作るものであり、商は屠殺《とさつ》業や酒を売るもののような下賤《げせん》とされていた業者を含む販売業者をいう。そして、工・商については、本条の注に「工商は、皆、家ごとに其の業を専らとし、以て利を求める者を謂《い》う。其れ、紝《じん》（はたいと）を織り、紃《じゅん》（ひも）を組むなどの類は非《あらざ》るなり」とあることや、条文中にも「工商之家」とあるように、家毎に家業《かぎょう》として成立しているものであって、家内の婦女などがおこなう、自己消費のための機織《はたお》りや紐《ひも》を組む仕事は、これに入らない。また、田令に「諸工商を業と為す者には、永業田・口分田はおのおの半減して給せよ。狭郷《きょうごう》ならば並びに給せず」（同前）とあることからも、工・商身分の家においては、すでに農耕は家内の副業と化していたと考えられる。

右のような中国における士農工商の身分体系は、貴賤ないし上下の序列というよりは、職業による人民の区別といった色合いが濃い。しかし、まったく序列の意識がなかったともいえない。士、すなわち食禄の人は、やはり四民のトップに据《す》えられるべき身分として存在し、とりわけ、工・商、すなわち下人とは明確な身分的格差がつけられているといってよい。農は、必ずしも士と隔離《かくり》されてはいないし、士の禄《ろく》を支えていた農は、おそらく下人の範疇《はんちゅう》から除かれていたものと思われる。令文による限り、士・農・工商の社会的序列がうかがわれるのである。工商はまだ、重なり合う部分もあったようで、ともに下人の卑称でくくられる存在であった。

日本では、士農工商は、近世の徳川幕藩《とくがわばくはん》社会の身分制として知られている。だが、実はあまり知られていないことではあるが、八世紀初頭に制定された大宝令《たいほうりょう》に、先に紹介した四民に関する唐令《とうれい》の条文が継受《けいじゅ》されていたのである。大宝令は、今日、散逸していて、当時の令の注釈書である「古記《こき》」（『令 集解《りょうのしゅうげ》』に採録）などから一部が復元されているにすぎない。そして、営繕令《えいぜんりょう》の解巧作条を注釈する「古記」の文中にある「一云」から、大宝戸令にも「巧作貿易為レ工。屠沽興販為レ商」の文言があったことが確認できるのである（瀧川政次郎『律令の研究』刀江書院、一九六六年復刻版）。工・商があれば、士・農の身分呼称もあったとしてよい。

しかし、この士農工商の身分体系は当時の日本の実情にそぐわなかったのか、七一八年（養老二）に撰上された養老令では削除されてしまった。これは、八世紀の日本社会が、社会的分業に基づく明確な身分社会に到達していなかったことを意味する。

家業の未成立

士農工商は、いわば家業に基づく身分体系である。家業は文字通り、戸の独自の生産活動――産業（ナリワイ）を内容とする語である。この家業という観念は、まず、王臣家や豪族層の家に芽生えた観念であったと思われる（吉田孝「律令制と村落」『岩波講座日本歴史』古代3、一九七六年）。家業は、もともとが家の財産とか門閥《もんばつ》を意味内容にもつ用語（『漢書』楊王孫伝）であったから、庶民の戸においてではなく、王臣貴族の家にその観念が初めて生まれたのは、至極《しごく》当然のことである。家業の語の早い事例は、『続日本紀《しょくにほんぎ》』と『類聚三代格《るいじゅうさんだいきゃく》』に記録されている七五四年（天平勝宝六）十月十四日付太政官奏《だじょうかんそう》であり、「官人百姓」が法を犯して双六《すごろく》に興じたため「家業」を亡《うし》なう、とするものである。「官人百姓」とあるが、文意から官人と有力農民層をさすと考えられる。そして、一般百姓の家業については、史料上では平安以降にしか現われてこない。しかも、防人《さきもり》と胆沢城《いさわ》などに配属された兵士の家の家業に関する官符・官奏が各一点あるのみである。それ以外は、遣唐使《けんとうし》とされた官人や、「力田之輩《りきでんのやから》」「正長《しようちよう》」ら在地の有力者の家、「郡司雑色人《ぐんじぞうしきにん》」の家などの家業について記す例である。家業という用語で、はじめて戸のナリワイが把握されるようになるのも、在地で伝統的な勢力をもち、自己の経営を排他的に確立していった旧首長層・族長層等においてであったろう。

また、先祖以来の職業という意味の家業観念（『後漢書』郭躬伝）も最初は特定階層に芽生えた観念であり、平安後期ごろにしか成立してこないのである。中国社会との差は、歴然としていた。藤原不比《ふひと》等らは、日本の実態と著しく合わないこの身分制を、賢明にも養老令からカットしたのである。

愁訴する人びと

古代の人身売買

森鷗外《もりおうがい》の小説などで広く知られている山椒太夫《さんしょうだゆう》伝説は、中世末から近世初期にかけて流行した説経浄瑠璃《せっきょうじょうるり》の代表的語《かた》り物であったが、幼い安寿《あんじゅ》・厨子王《ずしおう》とその母は、だまされて人買いの手におち、苛酷《かこく》な運命をたどることとなる。佐渡《さど》（古くは蝦夷《えぞ》）に売られて、鳥を追う奴婢《ぬひ》とされた母は両眼を泣きつぶし、丹《たん》後《ご》国由良《ゆら》の里の長者山椒太夫に買われた子供たちは、潮《しお》くみや柴刈《しばか》りの仕事にこき使われ、弟を逃がした姉の安寿は拷問で責め殺される。筆者も幼時に、この物語を絵本で読み、恐ろしい山椒太夫とその息子や、冷酷でずる賢い人買いらに、強い憤りを覚えたものであった。日本の中世社会には、人をかどわかし、奴隷として売り飛ばすことを業としていた人でなしが各地に存在した。今日でも、フィリピンなどから婦女子を性的奴隷同然に売り買いする、「現代の人買い」たちがいるらしい。おぞましいことである。

ところで、古代社会でも、禁令をおかして、しばしば人身売買がおこなわれた。親が子を売り、兄が弟を売り、借財のために自身を売るものもいた。人身売買によって、百姓《ひやくせい》が奴婢に身をおとすことになる。六七六年（天武五）五月、凶作にみまわれた下野《しもつけ》国の国司は、「国内の百姓たちが飢えのために、子供を売らんとす」という実情を朝廷に伝えたが、天武政権は親による子の売買を許さなかった。当時は、まだ、人身売買にたいする公的な禁令や罰則は無かった。下野国が親による子供の売買について朝廷に報告したのは、飢饉によって、そのような子売りが著しく目立ったからであり、これを取り締まる法令がまだなかったから、上奏《じようそう》して朝廷の判断を求めたわけである。罰則がないからには、たとえ中央政府がだめだと言っても、国司も強く規制はできなかったのではなかろうか。お上のお達しがあっても、百姓たちの多くは、背に腹は代えられず、子女の売買によって食いつなごうとしたに違いない。大宝律《たいほうりつ》が制定されるまでは、人身売買はかなり大っぴらにおこなわれていたとみてよい。

律令では、こうした人身売買にたいし、「和同して相い売る」罪、つまり、合意のうえでの売買として、売り手と人買い人の双方に、「徒《ず》三年」の刑が処された(賊盗律略人条《ぞくとうりつ》)。今日で言う、懲役《ちょうえき》三年にあたる労役刑である。唐律《とうりつ》では、双方に「流《る》二千里」の刑が規定されているから、日本律では罪が相当に軽減されていることになる。人をかどわかし、これを売って奴婢とした者には、「遠流《おんる》」の刑が処されたが、唐律では、「絞《こう》」、つまり絞首刑《こうしゅけい》とされている。わが国は、「人買い」に甘い歴史的風土を有する国であるといえようか。

人をさらって売って奴婢とする行為(「略人」・「略売人」)は、律令国家成立後もあとを絶たず、七〇三年(大宝三)には、安芸《あき》国の「略せられ奴婢となりたる者二百余人を本籍に従える」といった記事が『続日本紀』に見える。かどわかされて奴婢とされていたものを、良人としてあらためて本籍に載せたのだが、この二百余人は大宝二年の造籍作業の際に摘発されたものであろう。しかし、おそらく、これは「被略《ひりゃく》奴婢」のほんの一部にすぎなかったのではないか。他の国にも同様なケースはあったと思われるが、東国《とうごく》をはじめ、売買によって奴婢とされた人びとを摘発し、回復処置をしたという事例は、国史や記録の上には見えない。

寺家人奴婢の訴良

この年正月、政府は東海道以下七道に巡察使《じゅんさつし》を派遣し、国郡司の治績《ちせき》を巡察し、冤枉《えんおう》(不正な裁判による無実の罪人)をただすことを命じた。後の問民苦使《もんみんくし》につながる巡察使であるが、略誘《りゃくゆう》されて奴婢とされた人びとの「無実」の訴えまでは、目が届かなかったようである。巡察使が派遣された翌年（慶雲《けいうん》元年）、讃岐《さぬき》国多度《たど》郡藤原郷に住む若女《わかめ》という女が、同国揖保《いほ》郡の百姓佐伯《さえき》君麻呂に欺《あざむ》かれ、郡内の大興寺《だいこうじ》という寺へ、婢として売却されてしまった。その後、若女の孫である寺奴《じぬ》小庭《にわ》ら一五名は、しきりに良を訴え、七八九年（延暦《えんりゃく》八）にようやく認められて、賤身分を免じ、良人身分につけられた（『続日本紀』延暦八年五月庚申条）。若女が寺賤《じせん》とされてから、八五年の歳月が経過していたのである。寃枉奴婢《えんおうぬひ》が身分を回復されるには、長い年月が必要であり、訴えが届かないケースも少なくなかったようである。大興寺の寺賤の従良《じゅうりょう》が認められた背景には、当時、良賤通婚による公民の奴婢化を封じるために、婢と良男・奴と良女の間に生まれた子はすべて良人身分につけるという、律令の原則を大転換する政策がとられようとしていた事情がある。この延暦八年五月の太政官奏によって、良賤制は大きな曲がり角を迎えようとしていたが、大興寺の賤の従良はその矢先の出来事であった。現実に、八世紀後半以前の律令社会では、一度、賤身分とされてしまえば、容易なことでは身分の回復はできなかったといってよいだろう。

ところで、家人奴婢の訴良《そりょう》（「自理訴」）は、律令の認めるところであったが、その法意は、本来、良人であるもので、誘拐《ゆうかい》されたり、戸籍上の錯誤《さくご》などによって、賤身分とされた人びとを救済しようというものであった。しかしながら、訴良のなかには、法意を越えたケースもしばしば見られる。その第一のケースは、奈良の法隆寺や元興寺《がんごうじ》・紀寺《きでら》の寺家《じけ》人《にん》奴婢らの訴良である。

　奈良時代中ごろの法隆寺には五三三名もの奴婢が所有されていた。そのうち二五名は大《やま》倭《と》国十市《といち》郡と山背《やましろ》国宇遅《うじ》郡にあって、良を訴えていた。いずれも寺家人であるという（天平十九年『法隆寺伽藍縁起并流記資財帳』）。この寺家人らの訴良の理由は、定かではない。実は、法隆寺では、『上宮聖徳太子伝補闕記《じょうぐうしょうとくたいしでんほけつき》』や『聖徳太子伝暦《しょうとくたいしでんりゃく》』の記事から、七世紀末ごろにも、かつての上宮王家の使用人の子孫で奴婢とされたものが冤枉を訴え、敗訴しているらしいのである。六四三年十一月、軽皇子《かるのみこ》（孝徳）・蘇我入鹿《そがのいるか》（鞍作）らによって、山背大兄《やましろおおえ》王子を主とする上宮王家は滅亡するが、このとき、主を失った使用人・隷属民は斑鳩《いかるが》寺と四天王寺に入れられた。彼らの子孫は、六七〇年の庚午年籍《こうごねんじゃく》ないしは六九〇年の庚寅《こういん》年籍で、寺賤として登録されたと考えられる。当時、寺側でも、彼らの親にあたる旧上宮王家「家人」を受け入れてから、すでに歳月を経ており、一般の奴婢との区別はつけがたく、この譜代《ふだい》の隷属民たちを寺奴婢として登録してしまったのであろう。『聖徳太子伝暦』皇極《こうぎょく》天皇三年（六四四）条には「婢黒女・奴連麻呂等は、常に冤枉を訴える。（中略）冤枉の奴婢等の根本《こんぽん》を、妙教寺《みょうきょうじ》に於いて訪《と》い定め、今に蔵《おさ》め置く。未《いま》だ免《ゆる》さず」とみえる。その時期は、訴えの審議が聖徳太子の建立した寺の一つとされる妙教寺でおこなわれていること、つまり、一件が刑部省《ぎょうぶしょう》等の官司で公になされるのではなく、寺側のいわば私的な機関でなされていることからみて、庚寅年籍の作成後、まもないころであったと思われる。妙教寺での判定は、不可とでたらしく、奴婢らの要求は却下されている。

その後、さらに半世紀の歳月が流れ、先に紹介したように、大倭と山背両国において、良を訴える寺家人二五名がおり、いまだに解決されていないというのである。両者を系譜的につなげる直接の証拠はない。だが、資財帳の「廿五口訴未判竟者」という記載から、一件の審理は容易には結論がでない、歴史的な調査が必要であるとの印象を受けるのである。この天平期の訴良も、家人らの解放にはつながらなかったようである。

七二四人の訴良

同じころ、平城京の元興寺でも、七二四名もの寺賤たちが、良を訴えていた。七四八年（天平二〇）の『元興寺伽藍縁起幷流記資財帳《がんごうじがらんえんぎならびにるきしざいちょう》』によれば、当時、元興寺は一七一三名の奴婢所有権をもっていたが、その四二％にあたる七二四名が「訴良口」であり、逃亡等によって「有名無実」であったものが三二七名で、結局、実際に寺が正身《しょうみ》を掌握していた奴婢（「見定口」）は六六二名でしかなかった。元興寺の奴婢の淵源《えんげん》は、古京《こきょう》の飛鳥寺《あすかでら》の寺賤を継承したものであると推定される。『資財帳』では、豊浦寺《とゆらでら》（建興寺）とともに、飛鳥寺（法興寺）を勅願寺《ちょくがんじ》とし、あたかも女帝推古《すいこ》が「われ、等由良《とゆら》後宮を以て尼寺と為し、山林・園・田・瀆《みぞ》・封戸《ふご》・奴婢等を、更に納め奉る。又、法師寺を敬《うやま》い造り、田園・封戸・奴婢等を納め奉る」と記しているが、両寺が勅願寺であるというのは、寺院建築史の権威福山敏男《ふくやまとしお》により、造作《ぞうさく》であることが指摘されている。田園奴婢の施入《せにゅう》についても、推古朝にあったとすれば、施入主は女帝ではなく、本来の願主であった蘇我氏であったろう。飛鳥寺の創建年代は、六世紀末説と七世紀中葉説にわかれているが、いずれにしても蘇我氏を造寺主とすることに支障はない。六四五年、乙巳《いっし》の変により、蘇我本宗家《そがほんそうけ》は滅亡する。これによって、寺の造営と経営のために蘇我氏が入れていたその奴隷的隷属民や部民は、そのまま、同寺の使用人として生活をおくることになったのではないか。そして、良賤制がしかれるに際して、彼らの子孫はまとめて奴婢身分とされてしまったのだろう。これが、その後、七二四名という大量の「訴良口」を生み出した事由であると考えられる。

法隆寺と元興寺に見られる訴良の家人奴婢らの主張は、おそらくは、彼らの祖が賤身分にはいる奴婢ではなく、良人に入るべき部曲的隷属民であったということであろう。一般的には、部曲・部民は良身分とされた。だが、実は、寺の使用人については、庚午年籍作成に際して、「男女の法」と呼ばれる規定の中に含まれる「もし、寺家の仕丁《つかえよぼろ》の子ならば、良人《おおみたから》の法のごとし。もし、別に奴婢《やつこ》に入れらば、奴婢の法のごとし」(『日本書紀』大化元年八月庚子条)が適用され、すでに過去において寺が奴婢として待遇していたものについては、由緒に関係なく賤身分とすることができたのである。したがって、奴婢の側からいえば冤枉でも、寺側の措置は、必ずしも不当ともいえない。だが、飛鳥寺の時代に、寺の「焼塩戸《やきしおこ》」とされていた人が賤身分とされていた事実(『続日本紀』霊亀二年八月癸亥条)から、誤認や「男女の法」の恣意《しい》的解釈によって、不当に奴婢身分を付与されたものもいたことはまちがいない。いえることは、さまざまなレベルの隷属民を、明確に良と賤に二分してしまう律令身分支配には、現実的に無理があったこと、その矛盾が、法隆寺の冤枉奴婢や、元興寺の大量の訴良としてふきだしていたということである。元興寺の訴良も長期化し、容易に判決がでる気配はない。しかし、逃亡とあわせて、こうした法意をこえた訴良のたたかいが、寺院の寺賤支配を確実に衰退させるボデイ・ブローの役割を果したものと思われる。

ところで、八世紀中ごろすぎの紀寺においても、同じような寺奴婢の訴良が見られる。『続日本紀』七六四年（天平宝字八）七月丁未条に、

紀寺の奴婢の訴良

紀寺の奴益人《ますひと》らの訴えに云う。「紀袁祁臣《きのおけのおみ》の女《むすめ》粳売《ぬかめ》、木《き》国氷高評《ひたかのこおり》の人内原直牟羅《うちはらのあたいむら》に嫁して、児身売《こみめ》・狛売《こまめ》の二人を生めり。急を蒙《こうむ》れば、則ち臣《おみ》処分して寺家に居住せしめ、工等《たくみら》の食《じき》を造る。後、庚寅編戸《こういんへんこ》の歳《とし》に至り、三綱《さんごう》、数を校《かんが》えて名づけて奴婢と為せり。斯《これ》により、久しく告愬《こくそ》するも、分《わ》かち雪《きよ》むるに由《よし》なし。空しく多年を歴《へ》て、今に屈滞《くったい》せり。幸いに天朝宇内《てんちょううだい》を照臨《しょうりん》するに属《しょく》して、鬱結《うっけつ》を披陳《ひちん》す。伏して望むらくは、名を正さんことを」（以下略）

とある、世代を重ねた従良要求訴訟である。この訴訟は、時の天皇である淳仁《じゅんにん》ではなく、孝謙上皇《こうけんじょうこう》がとり上げ、乾政官《けんせいかん》（太政官）に調査と可否が諮問《しもん》された。審査にあたった文《ふん》室真人《やのまひと》浄三（智努《ちぬ》王）らは、氏姓《しせい》の根本とされる庚午年籍《こうごねんじゃく》には「寺賤の名を書ける中に、奴《やっこ》太者ならびに粳女及び児身売・狛売」が見えるので、賤身分とすべきであるが、一方、紀寺に伝わる遠年の資財帳には、「異腹《いふく》の奴婢（腹ちがいの奴婢）は皆入由《にゅうゆ》（腹次）を顕《あらわ》すに、粳女が一腹は入由を見ず。此れによりて言えば」良人とすべきである。二つの意見に

分れたので、上皇の裁可《さいか》を仰《あお》ぎたい、としたのである。そこで、上皇は後の意見をよしとして、奴益麻呂《ますまろ》（先の益人と同一人物かと思われる）ら一二名に紀朝臣《きのあそん》の姓を賜い、婢真玉《まだま》女《め》ら五九名には内原直を与え、益麻呂を戸主として京内に編附《へんぷ》することを許した。ところが、紀朝臣伊保《いほ》ら紀氏の人びとは、本当に上皇の勅によるものか、疑いをもち、従おうとしなかったので、上皇は文室浄三と参議民部卿藤原恵美《えみ》朝臣朝獦《あさかり》（藤原仲麻呂の子）を内裏に呼んで、再度、口勅《こうちょく》で自らの判断を告げている。上皇は、どうやら最初から寺奴婢を放免する意志をもっていたふしがある。

かくして、その翌日、紀寺に詔使《しょうし》が派遣され、総計七六人の寺奴婢が従良されている。その中心人物と思われる益麻呂は、翌七六五年（天平神護元）四月に従六位上から従五位下を授けられている。いつのまにか、彼は高い位階を帯びていたのである。考えられることは、紀寺の奴婢が従良された二ヵ月後に起きた、恵美押勝《えみのおしかつ》の乱において、益麻呂が上皇と道鏡《どうきょう》の側でかなりの貢献をしたのではないかということである。憶測だが、上皇と道鏡の意をうけて、押勝打倒のための呪術《じゅじゅつ》ないしは占卜《せんぼく》をおこない、効果をあげたのではなかろうか。というのは、やはり、旧紀寺の婢であった益女《ますめ》が、押勝を死に追いやる厭魅《えんみ》（人形の心臓や目を突き刺して人を害するまじない）ないし呪詛《じゅそ》をおこなって、乱の平定直後に、无位《むい》より一挙に従五位下の位を授けられているからである。紀朝臣益女という女性だが、名前からみて、まちがいなく旧紀寺の婢の一人であったとみてよい。もっとも、益女への叙位《じょい》は、七六四年十月九日に、上皇が兵部卿和気王《わけ》（舎人《とねり》親王の孫）らを遣わして、押勝とともに謀反《むほん》にかかわったとして、淳仁天皇を捕らえさせ、帝位を廃し、淡路に幽閉した五日後であるから、あるいは彼女の場合は、淳仁を帝位から引きずり降ろすたくらみに関与したことが、評価されたのかもしれない。益女は、翌年正月に、池上女王《いけのえのおおきみ》の勲二等に次ぐ勲三等を授けられるが、八月には和気王の謀反に縁坐《えんざ》し、山背国綴喜《つづき》郡松井《まつい》村において処刑されている。益女は、「巫鬼《ふき》」――すなわち、道教《どうきょう》系の呪禁《じゅごん》の一種で、神鬼《じんき》にたいして祈禱《きとう》や霊媒《れいばい》となって福《ふく》を請《こ》う巫女《みこ》として、和気王の寵愛《ちょうあい》を受けたが、皇嗣《こうし》候補の最有力者であった和気王のために、天皇（称徳女帝《しょうとく》）を呪詛したため、他の加担者たちが軽罪であったにもかかわらず、益女と王の二人のみは死刑とされたのである、といわれている。また、「己《おの》が怨男女《あだ》二人（道鏡と称徳天皇のこと）在り。此れを殺し賜え」と書かれた「祈願書《きがんしょ》」が証拠とされたのであるが、この祈願文は益女のそそのかしによって書かれたものではないかとも推測されている。奈良時代の王都内における「謀反」は、ほとんどが謀略によるものであった。この、和気王の事件も、きわめてあやしい。益女は、あるいは和気王を陥れるために、女帝によっておくりこまれた人物ではないか、とも思われる。和気王は、はじめ伊豆《いず》国に流罪《るざい》と決まるが、途中、山背国相楽《さがら》郡で絞首刑に処されている。これとは別に、益女は同国綴喜郡松井村で絞《し》められている。二人の処刑地が異なること、時間的にも益女が後になっているらしいことから、彼女は口封じのため、処刑された可能性もある。そもそも、道鏡を皇位につけようとして、女帝が皇嗣問題にきわめて神経質となっていたときに、問題の二人の呪殺《じゅさつ》を明記した「祈願書」などを書くものであろうか。益女が「お膳立て」をしなければ、この「謀反」はなかったように思われるのである。

奴を王とした女帝称徳

さて、益麻呂の方は、陰陽《おんようりよう》寮の員外《いんがい》の助《すけ》（定員外の次官）の官職についており、七六七年（神護景雲元）八月に、瑞雲《ずいうん》（天子の徳に天が感応《かんおう》して、美しい雲を生じさせるとする思想による）の出現を奏上《そうじょう》した功績により、正五位下を授かり、さらに陰陽頭《おんようのかみ》に任命される。七七〇年（宝亀元）二月には、伯耆《ほうき》国の介《すけ》を兼任することを許され、同年七月には従四位下にのぼっている。一介《いっかい》の解放奴隷が、どうしてこのような出世を遂げることができたのであろうか。彼が異能者《いのうしゃ》であったから、という理由では説明がつかないのではないか。称徳―道鏡政権の陰の部分と、深い関係をもっていたことが、彼の異常な出世につながったように思われるのである。女帝が没し、道鏡も没した後、七七三年（宝亀四）七月十七日、光仁《こうにん》天皇は益麻呂の位階を奪い、貴族の身分から庶人《しょじん》におとし、紀朝臣の姓を剥奪し、田後部《たじりべ》という卑賤な姓に変えさせる詔を下した。このとき、かつて、益麻呂と一緒に従良された七五人の紀寺の賤は、ふたたび、寺奴婢の身分に戻されている。

結局は、益女も益麻呂も、そして紀寺の旧奴婢たちも、女帝の専断によって、奴婢身分を脱し、ある者は貴族の位にまで達するのであるが、所詮《しょせん》それは女帝の恣意《しい》からでたものであり、女帝亡きあとは、新政権による「揺《ゆ》り戻《もど》し」によって、元の鞘《さや》に収まることとなったわけである。女帝は、なぜに彼ら紀寺の奴婢の従良にこだわり、益麻呂や益女を、通《つう》貴《き》の位にまで引き上げたのであろうか。その、一つの答えが、淳仁天皇の廃位《はいい》を告げる宣《せん》命《みょう》（『続日本紀』天平宝字八年十月壬申条）の冒頭に述べられている先帝 聖武《しょうむ》の仰《おお》せ言《ごと》から引き出せるように思われる。

掛《か》けまくも畏《かしこ》き朕《わ》が天《あめ》の先帝《さきのみかど》（聖武天皇のこと）の御命《おおみこともち》以て朕《われ》に勅《の》りたまいしく、「天下《あめのした》は朕《わ》が子いまし（孝謙天皇をさす）に授け給う。事をし云わば、王《おおぎみ》を奴《やつこ》と成すとも、奴を王と云うとも、汝《いまし》の為《せ》んまにまに」（以下略）

聖武天皇の仰せ言は、「天下をお前（孝謙）に授ける。天下を授かるということを具体的に言うならば、王である者を奴の身分に貶《おと》そうとも、また、奴を王の位につけるのも、お前の思うままにできるということだ」というような意味である。この「奴」は、広く臣下を意味するものだが、仰せ言は、天皇の絶対的権力の中核に、王臣から百姓・奴婢にいたる人びとの身分を決定する力が存在したことをものがたるといってよかろう。孝謙上皇は、現天皇である淳仁の帝位を奪い、親王として淡路に配流し、彼の二人の兄たちも親王から諸王に格下げして隠岐《おき》・土佐《とさ》両国に流している（遠流《おんる》にあたる）が、事実上、王を奴となしたことになる。粛正《しゆくせい》された和気王の与党として、官職を解かれた従四位下粟田《あわた》道麻呂・従四位上大津大浦・従五位下石川長年らに下された称徳女帝の詔に引かれた大臣禅《だいじんぜん》師《じ》道鏡の言葉に、彼らを「愚痴《かたくな》に在《あ》る奴《やつこ》」「此《こ》の奴等《やつこども》」「朝庭《みかど》の御奴《みやつこ》」などと呼んでいる（『続日本紀』天平神護元年八月朔条）。この「奴」も、普通は「臣」の語を用いるところを、賤身分に通じる「奴」を使用することで、「穢《きたな》き心」をおこして謀反に加担した通貴らを卑《いや》しめているのである。再祚《さいそ》して称徳天皇となってから、女帝は七六七年（神護景雲元）二月八日に山階寺《やましなでら》（興福寺）、三月二日に元興寺、同九日に薬師寺、四月二十六日に法隆寺、十月二十五日に四天王寺、三年十月二十九日に智識寺《ちしき》と四天王寺で、それぞれ家人奴婢や今良《ごんろう》（解放された官奴婢）らに爵位《しゃくい》を与え、解放している。その際、薬師寺では、奴息麻呂《おきまろ》に殖栗連《えぐりのむらじ》、婢清売《きよめ》に忍坂《おしさか》という姓を与えているが、殖栗は天武朝の諸王である殖《え》栗王《ぐりおう》と、また、忍坂は大王允恭《いんぎょう》の「皇后《きさき》」忍坂大中姫《おしさかのおおなかつひめ》と一致する。女帝は意識的に、王名や皇后名を解放奴婢に付して、爵位まで与えたのである。女帝は、奴を王としたり、王を奴とすることで、帝王としての権力を誇示《こじ》しようとしたのである。

さて、紀寺の奴婢の従良が、政治的背景をもつもので、彼らは、法的には奴婢身分を免れえないものであったことを述べてきた。しかし、それによって、彼らの祖がたんなる寺の雑仕女であって、奴婢ではないとする主張そのものが、ただちに否定されるわけではない。祖先が庚午年籍で奴婢身分に入れられたため、益人らは寺奴婢として支配されたのであるが、法隆寺の場合と同様に、良賤制の成立過程で、良人とすべきところを、奴婢にされてしまった人びとであったとみてよい。

三代にわたる愁訴

法意をこえた訴良には、筑紫《つくし》の観世音寺《かんぜおんじ》の家人《けにん》たちの愁訴《しゅうそ》のようなケースもあった。『日本三代実録《にほんさんだいじつろく》』八六六年（貞観八）三月四日条に記される家人らの訴えは、こうである。

寺家人清貞《きよさだ》・貞雄《さだお》・宗主《むねぬし》ら三人は、従五位下笠《かさ》朝臣麻呂の五代の孫なり。麻呂は天平年中に造寺使と為《な》る。麻呂、寺の家女《けじょ》赤須《あかす》と通じて清貞等を生みき。即ち、母に随いて家人《けにん》と為《な》りき。清貞の祖父夏麻呂、太政官幷びに大宰府《だざいふ》に向《おもむ》きて頻《しき》りに披訴《ひそ》を経れども、未《いま》だ裁許《さいきょ》を蒙《こうむ》らず。夏麻呂死去し、清貞等の愁い猶《なお》止む有らず。

文中、麻呂が赤須と通じて「清貞等を生みき」とあるのは、年代上おかしく、「清貞等の祖を」と解するべきであろう。麻呂の位階も従五位下ではなく、七一七年（養老元）にすでに従四位上にのぼっていた。彼が造筑紫観世音寺別当《ぞうつくしかんぜおんじべっとう》となって、大宰府に赴任したのは、七二三年のことである。当時、彼は沙弥満誓《しゃみまんせい》と号《ごう》し、大伴旅人《おおとものたびと》・山上憶良《やまのうえのおくら》・小野《おの》老《おゆ》らとともに、筑紫歌壇を形成し、『万葉集』にも七首の短歌を収録されている。

さて、麻呂と家人の女の間に生まれた子を家人身分とした観世音寺の処置は、法的にまったく問題がない。だが、清貞らの祖父夏麻呂は、しきりと大宰府等に良を訴えたという。その時期は、天平〜貞観のほぼ中間にあたる八世紀末ごろであったろう。当時、良賤通婚によって生まれた子は良身分とせよ、とする延暦八年の格《きゃく》が出されていた。おそらく、夏麻呂はこの新令に基づいて訴良におよんだものと思われるが、延暦八年格は同年以降の良賤通婚にしか適用されなかった。したがって、夏麻呂の訴えは聞かれなかった。それでも、彼は執拗《しつよう》に訴えつづけた。夏麻呂の執念はその孫世代の清貞らにまで伝わり、結局、三代にわたる愁訴が実って、八六六年三月に、寺側は家人らの主張が「虚妄《きよもう》」ではないとし、「格《きやく》の旨《むね》に准拠《じゆんきよ》」して従良させ、筑後《ちくご》国竹野《たけの》郡に貫附《かんぷ》することを大宰府に要請し、太政官の許可がおりている。この「格の旨」とは、八六三年（貞観五）九月二十五日格のことである。貞観五年格は、有力百姓らが賤身分と偽《いつわ》って課役を逃れる風潮を阻止するために、新たに生まれた家人奴婢の父母名を明確に記帳することを命じたものであり、清貞らの主張の根拠となるものではなかった。それにもかかわらず、寺側が貞観五年格に「准拠」してかれらの放賤従良《ほうせんじゆうりよう》を認めようとしたのは、家人らの永年の抵抗によって、事実上、寺賤支配が破綻に瀕《ひん》していたことによるものと思われる。ともあれ、観世音寺の家人の三代にわたる訴良からは、良賤制による厳しい身分支配下にあった人びとの、差別と拘束からの解放を求める強靭《きようじん》な意志がうかがわれるのである。

改姓を求める雑戸たち

雑戸《ざつこ》の身分が定まったのは、六九〇年の庚寅年籍が造られたときであるが、その際、やはり、かなり強引な指定がなされたらしく、早くも八世紀初頭から、誤認により雑戸とされたとして、雑戸身分を免じてほしいと訴える人びとがでている。雑戸への差別と卑賤視は、大宝令の施行を画期として強まったようであり、国史には、七〇三年・七一三年・七一六年・七一八年・七一九年・七二〇年に雑戸を免じた記事が見える。七一三年（和銅六）の事例は、庚寅年籍で誤って飼丁《じちょう》（左右馬寮《めりょう》に属し、馬の飼育に従事）とされた讃岐《さぬき》国寒川《さむかわ》郡の物部乱《おさむ》ら二六名を「良《りょう》の色《しき》」に従えたとするものであるが、雑戸は普通の良民にくらべて一級低い身分とされていたことがわかる。おそらく、大宝令制下で、官司とこれに直属された雑戸との間の隷属関係が深められたことにより、雑戸への蔑視と差別意識が急速に官司内部に醸成《じょうせい》されたのであろう。こうして、官司の内部で生み出された差別が、民間にもひろがってゆくと、ますます雑戸籍から離脱をはかろうとする人びとが増えてくる。雑戸は多くが、それとわかる特殊な姓を帯びていた。雑戸への卑賤視が強まると、彼らの負う姓すら「人の恥《はじ》るところ」（『続日本紀』天平十六年二月丙午条）という意識が生まれる。そこで、たんに雑戸の号《ごう》を除くだけではなく、その姓を変えてほしいという要求が加わることになる。七一六年（霊亀二）の事例では、山背甲作客《やましろのよろいつくりきゃく》小友ら二一名が、雑戸身分を免ぜられると同時に、「山背甲作」の四字を削って、改めて客《きゃく》姓を与えられている。甲作は鎧《よろい》作りに従事する造兵司《ぞうへいし》所属の雑工戸《ざっこうこ》の一種である。この他、雑戸号を除かれ、改姓されたものには、朝妻手《あさづまのて》人《ひと》・河内《かわちの》手《て》人《ひと》刀子作《かたなづくり》・朝妻金作《かなつくり》姓者がいる。手人は工人の意味である。こうした、職業名を含む姓は、雑戸の姓として、また、令制以前の職業部民を想起させるものとして、一般には強く忌避《きひ》されたようである。七二二年（養老六）三月、諸国の金作部《かなつくりべ》・韓鍛冶《からかぬち》（首）・弓削部《ゆげべ》・鎧作《よろいつくり》・忍海漢人《おしぬみのあやひと》・忍海部《おしぬみべ》・飽浪漢人《あくなみ》などの姓をもつ七一戸の人びとが、「自分たちは雑戸ではないのに、雑工戸と直結されやすい姓である」から改姓してほしいと要求し、官の許可を得ている。彼らがこうした姓を忌避したのは、民衆レベルにおいて雑戸が強い差別を受けていたからというよりは、むしろ、雑戸と同一視され、官司の支配を受けることになるのを恐れたからであろう。

七四四年（天平十六）、聖武《しょうむ》天皇は突然、天下の馬飼《うまかい》・雑戸を免じて平民とする勅を下した。ただし、今後も子孫にその技術を伝習することを義務づけ、そうでなければ再び子孫を雑戸の姓に「降《くだ》して卑品《ひほん》に従える」という。

この勅は、従来、卑賤視されていたものに恵みを及ぼすという、大仏造営の発願の趣旨を、天皇が実行したものと解されている。だが、実のところは、この大事業に、国家が支配する雑戸の技術ではなく、「解放」された雑戸らが、自発的に参加するという形をとり、形式的にもこの事業が衆人の「知識《ちしき》」（造仏・造寺など仏教興隆に協力する人）によって成功することを天皇は期待したからであった。「解放」は一時的なものであり、東大寺大仏殿が完成した七五一年（天平勝宝三）には、馬飼らはもと通り左右馬寮《めりょう》に上番することになったし、その翌年には、京畿諸国の鉄工・銅工・金作《くがねづくり》・甲作・弓削・矢作《やはぎ》・桙削《ほこけづり》・鞍作《つくり》・靹張《ともはり》等の雑戸も、旧官司の支配下で、それぞれ「本業」に従事せしめられている。

結果的には、天皇による欺瞞《ぎまん》的解放であったが、八世紀後半以降、彼らは一般の戸籍に付され、品部《しなべ》とあまり変わらない存在に変わっていく。

田夷の姓は子孫の恥

俘囚《ふしゅう》の姓もまた、特別な目で見られていた。彼らの負う姓は「田夷《でんい》の姓」とされ、彼ら自身が「子孫に恥《はじ》」を貽《のこ》すことであると認識していた。田夷（たえみし）は、俘囚より一歩公民に近い百姓身分であり、律令国家への服属度はもっとも高く、鎮守府《ちんじゅふ》将軍などの手先となって、対蝦夷戦争にも協力した。彼らには、禄《ろく》が支給され、陸奥《むつ》・出羽《でわ》等の国郡に編成され、種子を与えられて田を作ったが、それでも一般的班田制や調庸制の対象民とはされなかった。七九〇年（延暦九）五月、陸奥国遠田《とおだ》郡の大領《たいりょう》で外正八位上勲八等を帯びる遠田公押人《とおたのきみおしひと》は、自らの姓を子孫も恥じる田夷の姓と嘆き、「夷姓」を改めてほしいと願って、遠田臣を賜姓《しせい》されている。郡司級の田夷ですら、一般の公戸民と差別されていたのである。田夷のカバネは公とされていたらしく、このカバネ公はもっとも蔑視されていた蝦夷にも多く見られることから、こうした改姓を要求する動きがでてきたのであろう。田夷の改姓要求は、「内民」つまり、公民化の要求であった。「夷姓」を改め、禄の支給を止めて、課役を納める民とされるのが、彼らの基本的な要求であった（『日本後紀』弘仁三年九月戊午条）。

畿外三五ヵ国に配されていた俘囚の場合は、一部に無姓者もいたが、多くは吉弥侯部《きみこべ》（君子部・公子部）・大伴部《おおともべ》（伴部）・丸子部《わにこべ》などの姓や、カバネ公を付されていた。彼らの場合は、改姓要求もあったが、むしろ、俘囚という名を除き、調庸の民となることを要求しているケースが目につく。その際、自分たちの先祖は「王民《おうみん》」、つまり王権に従属し奉仕する民であったが、夷《えびす》のために略されその「虜《とりこ》」・「賤隷《せんれい》」とされ、代を経て俘囚身分とされているものであるから、もとのように調庸の民としてほしい、という主張がなされている。だが、大多数の一般の俘囚・夷俘が、はたして調庸の民となることをどれほど望んでいたかといえば、疑問である。一部を除き、八一三年（弘仁四）からは、俘囚も賑給《しんごう》の支給対象とされる。また、八一九年からは口分田《くぶんでん》が支給されることとなる。俘囚身分が成立してから、ほぼ一世紀を経て、ようやく調庸の民の扱いがされはじめるのだが、かえって、国家にたいする俘囚の抵抗はこのころから高揚期をむかえる。彼らはときには、出羽国の一部の俘囚のように、諸官司や参議以上の貴族らに分配され、「賤《やつこ》」として駆使されたりした。また、彼らが「子孫の恥」とする「田夷の姓」ですら呼ばれず、ただ侮蔑的に「夷俘《いふ》」と呼ばれていた。彼らの支配にあたった官人たちばかりか、周辺の一般百姓のなかにも、俘囚に「謾語《まんご》」(うそやでたらめの話)をもって騒動を引き起こすものがいた(『日本後紀』延暦十八年二月乙未条)。経済的に自立できない条件をおしつけられ、周囲の差別と侮蔑に耐えられず、ついに「朝制」に背き、「法禁」を犯す夷俘が諸国でたち上がることになったのは、当然である。八一四年の出雲《いずも》国の俘囚の「乱」を皮切りに、九世紀中葉以降、上総《かずさ》・下総《しもふさ》・下野《しもつけ》・出羽などの諸国で、あいついで俘囚たちは蜂起した。これら坂東《ばんどう》の俘囚の「乱」は、一国一郡にとどまらず、きわめて広範囲にわたる大規模な蜂起であった。それは、俘囚のもつ虜囚《りよしゆう》的性格への日常的な差別と侮蔑に加えて、あらたに「公役《くえき》」を強制されたことにたいする怒りの爆発であった。律令国家は、俘囚たちがあたかも調庸の民となることを切望しているかのように装おうとしたが、彼らが望んでいたのは逆に国家からの自由であった。

このように、律令制下では、さまざまな人びとが差別と卑賤視をうけていた。わけても、賤身分を付与された奴婢たちは、奴隷として駆使され、国家的身分制の最末端に位置づけられ卑賤視された。では、奴婢はどうして賤とされたのであろうか。賤身分はどのようにしてつくられたのか。こうした問題については、章を改めて述べることとしたい。

賤身分の由来

中国の良賤制

人民を良と賤に二分して支配する制度――良賤制は隋・唐代の中国で完成された。この唐の良賤制をわが国は導入したのであるが、母法となった唐《とう》令《れい》の制度は、魏《ぎ》晋《しん》南北朝以来の身分制を総括したところの、いわば完成された国家的身分制度であった。

唐の良賤制

良人身分に属するものは、士人《しじん》・官人からなる士族と、人口の大半を占める庶民（庶人）であり、国家を成り立たせている重要な構成員と考えられていた。

他方、賤身分に属するものは、官私の奴婢を中心に、太常音声人《たいじようおんせいじん》・雑戸《ざつこ》・工戸《こうこ》・楽《がく》戸《こ》・官戸《かんこ》・部曲《ぶきよく》（客女《きやくじよ》）などの諸身分であった。このうち、私奴婢・部曲・客女以外は官賤である。

官賤身分の最下位におかれた官奴婢は、「長役無番《ちょうえきむばん》」（『唐六典《とうりくてん》』巻六、都官《とかん》）つまり、一一歳以上の者は全員、一年中のべつに駆使《くし》され、わずかに元日と冬至《とうじ》および寒食《かんしょく》（冬至から一〇五日目の前後三日間に、火を使わず、冷たい物をたべる行事）の三日間のみ休暇が与えられた。産後の官婢や父母の喪・結婚に際しては、三〇日の公休が認められている。犯罪にたいする罰則を定めた唐の賊盗律《ぞくとうりつ》では、奴婢は「畜産・財物」ないし「資財」と同じであるとされている。官奴婢は官有奴隷であり、私奴婢は私有の奴隷であった。田は支給されず、園宅地のみが良人の六割ほど与えられた。食料と衣料は官給され、病人には医薬品が給与されることになっていた。

官奴婢のすぐ上の官賤身分が官戸である。官奴婢は年六〇に達するか、廃疾《はいしつ》者ならば奴婢身分を免じて番戸《ばんこ》となった。番戸は官戸のことであり、官奴婢とちがって年間に三番、つまり、一ヵ月ずつ三回本司《ほんし》に上番して、役に服すればよかった。おそらく、一六歳以上が服役したものと推定される（浜口重国『唐王朝の賤人制度』東洋史研究会、一九六六年）。上番中は公糧を支給された。口分田は良人の半分が支給されたので、平常は自給のために耕作に従事したにちがいない。その他の条件は、官奴婢と変わらず、年七〇で解放され、良人身分となることができた。

工戸は、天子や中宮以下の用いる高級な工芸品の製作を担当する官司である少府監《しょうふかん》に隷属する官賤であり、高度の技術を有する人びとである。また、楽戸は、太常寺《たいじょうじ》の太楽署《たいがくしょ》と鼓吹署《こすいしょ》に配属されて、宮廷祭祀や儀式における音楽・歌舞をつとめる太常楽工《たいじょうがくこう》・太常《たいじょう》楽人《がくじん》を出す戸である。この工戸・楽戸は世襲されたが、不足を補うために、官戸の年少者で「容貌端正《ようぼうたんせい》」なものや、「工能《こうのう》」をもつ官奴婢の子供を選んで太常寺・少府監に入れて技術・技芸を「教習」させ、上達したものを官戸の例に準じて分番《ぶんばん》させた。すなわち、彼らも年間三番、三ヵ月間にわたって役《えき》についたのである。なお、工戸・楽戸の籍は、官戸・官奴婢と同じように、それぞれ配属先の官司に置かれた。

楽戸と同様に音楽をもって奉仕するのが太常音声人であるが、彼らは州県に戸籍があり、年間二番、つまり合わせて二ヵ月間、太楽署・鼓吹署に番上する点が楽戸とは異なっている。もっとも、太常音声人の起源は、隋が滅び唐が新王朝を建てた際、隋朝の楽戸に戸籍や結婚の点で恩恵を与え、唐の皇帝の威儀を整えるために再編したものであった。太常音声人は、百姓と同様に受田《じゅでん》の対象とされ、また、良人と婚姻することも認められていた。ただ、百姓と違うのは、一般の賦役《ふえき》は課せられず、太常寺に分番して音楽を演奏したのである。官賤身分のうち、もっとも良人に近い。

雑戸は居住地の州県に戸籍があり、一六歳から六〇歳までの者が、二年間に五番、各一ヵ月ずつ諸官司に上番し、役に服した。官戸とくらべて、一年間に半月少ない。官司に使役されている雑戸には、「資糧・衣服」(『唐書』百官志)が支給された。雑戸の受田は良人と同じであるが、良人との婚姻は許されていなかった。そして、おそらく、六〇歳で解放されたものと思われる。

太常音声人以外は、当色婚《とうしきこん》が原則であり、官戸は官戸どうしで結婚することを強制された。官賤のランクは、上から太常音声人―雑戸―工戸・楽戸―官戸―官奴婢の順になるようである(玉井是博『支那社会経済史研究』岩波書店、一九四二年)。

部曲・客女と私奴婢

私家・寺院等に所有される私賤には、私奴婢と部曲・客女の別があった。国家は、私賤にたいしては田を支給せず、ただ、園宅地のみを賤口五名につき一畝《せ》だけ支給した。よって、彼らには課役の負担はなかった。私奴婢は官奴婢と同様に「長役無番」の奴隷であり、しかも、年齢に関係なく駆使され、馬や牛とおなじく売買されることがあった。主人が恩恵を施さないかぎり、彼らは死ぬまで苦役に従えられた。それどころか、病気やケガで使いものにならなくなった奴婢は、捨てられることもあった。略されて奴婢となることを、「丹書《たんしょ》の辱《はずかし》め」(『唐大詔令集』巻五、改元天復赦)を被《こうむ》るともいった。丹書とは奴婢の売買に際してつくられる公の市券《しけん》(手形)のことである。奴婢は無姓であり、主人の戸籍に「奴来徳年陸拾歳　老奴」(「唐西州柳中県高寧郷籍　開元四年」)のように記載された。

部曲の場合は、奴婢のようには財物扱いされず、したがって売買はされなかった。とはいえ、部曲はときに、新たな主人のもとへ「轉事《てんじ》」させられた。「轉事」とは、部曲の身柄を移し、そこで仕えさせることをいう。その際、もとの主人は、「衣食《いしょく》の直《ちょく》」と呼ばれる金品を新たな主人からうけ取ることが認められていた。正規の売買とは違うが、事実上、主人は恣意《しい》的に部曲を他に有償で放出することができたのである。部曲は、一種の債務《さいむ》奴隷のような存在であったと思われる。彼らは、主家において代々その身分を世襲し、主人の任意に駆使されたのであるが、ただ、奴婢のように「尽頭駆使《じんとうくし》」、すなわち一度に全員が駆使されるのではなく、交替で何割かは労役を免ぜられることがあったと推定されている(瀧川政次郎『支那法制史研究』有斐閣、一九四〇年)。この部曲の女を客女といった。

西域《せいいき》のトルファン(吐魯番)で出土した七二八年(開元十六)の戸籍の断簡に、部曲を列記したものがあるが、「部曲白善虫年伍拾陸歳」の妻らしい「部曲妻趙慈尚年伍拾歳」

の名や、その子供である「部曲男索鉄年参拾歳」ら数名が見える（*TUN-HUANG AND TURFAN DOCUMENTS II*, THE TOYO BUNKO, 1985）。部曲は、奴婢とちがって良人の女を妻にすることができた。部曲と結婚した良女は、部曲とおなじ処遇を受けることとなる。ただし、客女と良男との結婚は禁止されている。私奴婢がその身分を免ぜられ部曲・客女身分になることは、法の認めるところであったが、両者の間の通婚は禁止されていた。部曲は姓《せい》を有するが、それは彼らが、もとは庶民であり、零落《れいらく》して他家に衣食を仰ぐこととなったもので、本来の奴隷（奴婢）ではなかったことによるものと思われる。私奴婢より、上級の私賤身分とされる理由の一つである。部曲・客女を農奴《のうど》とみる説と、奴隷と見る説が今日も対立しているが、実際の存在形態は多様であり、非奴隷的形態の部曲も存在したに違いないけれども、法的な位置づけは、基本的には奴婢と変わらず、私奴婢が奴隷であるとすれば、部曲もまた奴隷というべきではなかろうか。なお、私賤のうち、部曲・客女の占める割合はかなり低かったようである。吐魯番《トルファン》出土の、六五〇年（永徽《えいき》元）の「戸口帳《ここうちょう》」には、賤口《せんこう》三三七のうち、部曲は三名、客女は一名でしかない（『吐魯番出土文書』六、文物出版社、北京）。

この完成された良賤制の原型は、いつごろ形成されたのであろうか。中国における良賤制の成立過程については、今日も議論が続いている。だが、細部の理解は違うが、国家的身分秩序としての良賤制が、北魏《ほくぎ》（四三九〜五三四）以前にはまだ成立していないという共通の認識はできているようである。

良賤制の成立

隋・唐の良賤制の特質の一つは、奴婢（奴隷）のみではなく、雑戸・官戸・部曲その他の賤身分が、国家的身分として身分体系の中に組み込まれている点である。北魏では、均《きん》田《でん》制のもとに、「奴良」の制が定められていたが、この段階は、良賤制の前段階としての「良民奴婢制」とでもいうべき身分制であった（西嶋定生『中国古代国家と東アジア世界』東京大学出版会、一九八三年）。部曲・客女身分が創設されたのは、北周《ほくしゅう》末の五七七年（建徳《けんとく》六）のことであり、隋の煬帝《ようだい》（治世六〇五〜六一六）の時、奴婢とともに部曲への受田と課役が廃止されたことにより、部曲は完全に良身分と区別されることになった（堀敏一『中国古代の身分制——良と賤』汲古書院、一九八七年）。

次に雑戸であるが、北魏時代、被征服民からとった技能民や雑役民（雑役の戸・百雑の戸等と呼ばれた）を、六世紀前半の東魏・西魏分裂期に雑戸と略称することになり、配属された官司に籍をおき、服役する種別に陵戸《りょうこ》・牧戸《ぼくこ》・駅戸・工戸・楽戸等とも呼ばれることがあったが、当時は身分的には良に属する庶民の下層におかれていた。ただ、当時、従来の雑役の戸に加えて、犯罪縁坐《えんざ》によるものが多く出現したことによって、雑戸はしだいに官賤の一種のようにみられるようになった。ところが、北周の建徳六年に、雑戸はことごとく解放され、隋朝においてもこれが復活された形跡はない。隋朝では、官賤の一目《もく》として新たに番戸ないし官戸を設けており、雑戸の負担していた技芸・雑役はこの番戸（官戸）が肩代わりしたものと推測されている（浜口重国前掲書）。その後、唐代はじめごろまで、官賤身分は官戸・官奴婢の二種のみであり、雑戸制が復活し、上級官賤身分として設定されるのは、七世紀後半以降のことであったらしい。なお、唐代の雑戸は、官戸と同じく官奴婢の放免によるものが多かったといわれている（堀敏一前掲書）。すなわち、『唐六《とうりく》典《てん》』巻六刑部尚書《ぎょうぶしょうしょ》、都官郎中員外郎《とかんろうちゅういんがいろう》条に「一たび免《めん》じて番戸と為《な》し、更び免じて雑戸と為し、三たび免じて良人と為せ」と見える。

次に、工戸・楽戸であるが、先に述べたように、北魏時代にはまだ、雑役の戸にふくまれており、良人に属する身分であった。その後、北周の建徳六年、雑役の戸の解放を迎えるが、楽戸については、一部を良人楽戸として官に残し、それ以外は解放したものと考えられている。隋朝前期には、犯罪によって没官されたものを楽戸に配属するようになり、六一〇年（大業六）に、煬帝はかつて旧王朝の時代に解放された楽人とその子孫を、太常寺に配して楽戸とした。しかし、このころの楽戸が賤身分であった証拠はない。むしろ、まだ良人に属し、唐代に入ってから官戸に準じて賤身分とされたのではないかと思われる。それぞれの官賤身分の形成過程をみてみると、良賤制とは、隋・唐といった統一王朝の出現によって成立した身分制であるとの感を強くするのである。

奴婢はなぜ賤身分とされたのか

隋・唐の良賤制において、賤身分の中核をなしたのは、官私の奴婢であった。そして、この奴婢身分を生んだのは、古代中国における奴隷制の発展であった。

罪人と奴隷

漢代の中国では、奴婢は奴隷の名称の一つであると同時に、「奴は賤人《せんじん》」（『漢書』五行志《ごぎょうし》）、「婢妾《ひしょう》は賤人」（同、欒布伝賛《らんふでんさん》）などと観念されていた。また、「賤人」の語は、「賤人の牢」（同、天文志）のように、刑人《けいじん》、すなわち刑罰をうけて身体障害者とされた人の意味にも用いられた。

また、『周礼《しゅらい》』秋官《しゅうかん》・司厲《しれい》（盗賊の処分を掌る官）条に「その奴は、男子は罪隷《ざいれい》にいれ、女子は舂《しょう》・槀《こう》にいれよ」とあり、後漢《ごかん》代の学者鄭玄《じょうげん》は、これに「盗賊を為《な》し、坐《ざ》して奴と為る者は、罪隷・舂人《しょうじん》・槀人《こうじん》の官に輸《いた》すことを云う。これに由《よ》りて観《み》るに、今の奴婢と為るは、古《いにしえ》の罪人なり」と注している。おそくとも後漢時代（二五〜二二〇）には、奴婢の淵源を罪人とする考え方があったわけである。実は、漢代には、刑罰による奴隷だけではなく、戦争の捕虜を奴隷としたものや、負債を払えずに奴隷として身を売ったもの（債務奴隷）などもいた。それなのに、なぜ、奴婢の淵源を犯罪奴隷とする考え方が支配的であったのか。この点については、次のように考えてよかろう。

中国では、刑罰による奴隷の歴史が古く、漢の制度にも、犯罪による連坐没官《れんざぼっかん》の制度があって、新たな奴婢が生まれていた。かつて、肉刑《にくけい》（身体刑）をうけて、障害者となった刑人たちは、社会から追放され、のたれ死したのだが、この肉刑者たちが追放されずに、無期の労役に用いられるようになって、刑罰奴隷が生まれた。そして、彼らの子孫も、刑罰奴隷の身分と職掌を世襲したに相違ない。その後、肉刑が廃止され、刑期による懲役《ちょうえき》刑《けい》がおこなわれるようになったが、罪人の親族を連坐の罪で没身《ぼっしん》し、官の奴婢とする制度のなかに、なお、刑徒《けいと》と奴婢の密接な関係が残った。そうした歴史的事情が、漢代の知識人の間に、今の奴婢は昔の罪人である、との認識を生んだのであろう（堀敏一前掲書）。

ところで、刑罰による奴隷は、公権力による刑罰権が庶民にまでおよび、犯罪没官が一

図3　刖刑奴隷守門鼎　故宮博物院蔵

般化する戦国期（紀元前五〜前三世紀）にはじまるとされているが、もっと古い時代にさかのぼると思われる。『周礼』秋官・掌戮条《しょうりく》に、墨刑《ぼくけい》（入《い》れ墨《ずみ》刑）・劓刑《ぎけい》（鼻切り刑）・宮刑《きゅうけい》（去勢）・刖刑《げっけい》（足切り刑）・髡刑《こんけい》（髪を切る刑）などの肉刑者を、「守門《しゅもん》」、つまり門番やその他の労役につけると記している。また、同書によれば、「蛮隷《ばんれい》」以下の俘虜ないし貢献による異民族奴隷とともに、「罪隷」と呼ばれた犯罪奴隷が一二〇名、定員化されていた。刑罰奴隷は、春秋時代（前八世紀〜前五世紀）にさかのぼるとみてまちがいない。また、西周《せいしゅう》時代（前十一世紀〜前八世紀）の青銅器に、刖《げつ》刑奴隷の門番を表現した鬲《れき》（鼎《かなえ》）が見られる。「罪隷」の存在は西周中期ごろまでは、さかのぼるとみてよい。それ以前、殷《いん》（前十六世紀頃〜前十一世紀初頭）の時代にも、足切り刑をうけて奴隷とされた人がいたらしい。

殷代の肉刑者

河北省藁城《こうじょう》県台西村の殷墟《いんきょ》（殷時代の都の遺跡）では、ごくふつうの住居址内部の、家屋のそとに掘られた四つの方形の穴に、牛・羊・豚・三人の人間が別々に埋められていた。人は生き埋めにされたらしく、もがいた跡がよくわかり、一人は枷《かせ》をはめられたまま投げ込まれたらしい。彼らは戦争の捕虜であり、祖先祭祀の犠牲にされたものとみられている。これと別に、家屋のあちこちに人の首が吊《つ》られている。やはり、捕虜のものと考えられ、奴隷とは思われない。殷墟から出土した卜辞《ぼくじ》(占いのことを記した甲骨文《こうこつぶん》)には、祭祀の犠牲に多くの俘虜が使用されたことが見える。これら戦争の捕虜は、殷代では基本的には人身供犠《じんしんきょうぎ》に投入されたようであり、これを家《か》内奴隷《ないどれい》に用いるようになるのは、おそらく殷代末期以降のことであろう。

さて、先の台西村で発見された墓に、二人の殉葬者《じゅんそうしゃ》とともに埋葬されたものがある(図4参照)。木棺の中央の人骨が主人であり、足もとに占い用の動物の肩甲骨《けんこうこつ》がおかれていることなどから、占い師《うらないし》であったと推定されている。主人の遺骸の上に重なっている人骨は、木が腐って上方から落ち込んだ殉葬者の一人である。興味深いのは、木棺の外側の、主人の足もとに眠るもう一人の殉葬者の足が、二本とも膝のところで切断されていることである。これは生きているときに切断されたもので、足切りの刑をうけたものと考えられている(林巳奈夫『中国文明の誕生』吉川弘文館、一九九五年)。

殷代にも、黥刑《げいけい》(入れ墨刑)・劓刑《ぎけい》・刵刑《じけい》(耳切り刑)・宮刑《きゅうけい》などの肉刑が実施されていたらしいことは、これまで、卜辞《ぼくじ》にみえる甲骨文字から推定されてきたし、また、奴隷に関する文字のほとんどに、受刑者の意味がふくまれていることも文献上では明らかにされてきた(白川静『甲骨金文学論集』朋友書店、一九七三年)。台西村の墓にみる、足を切られ

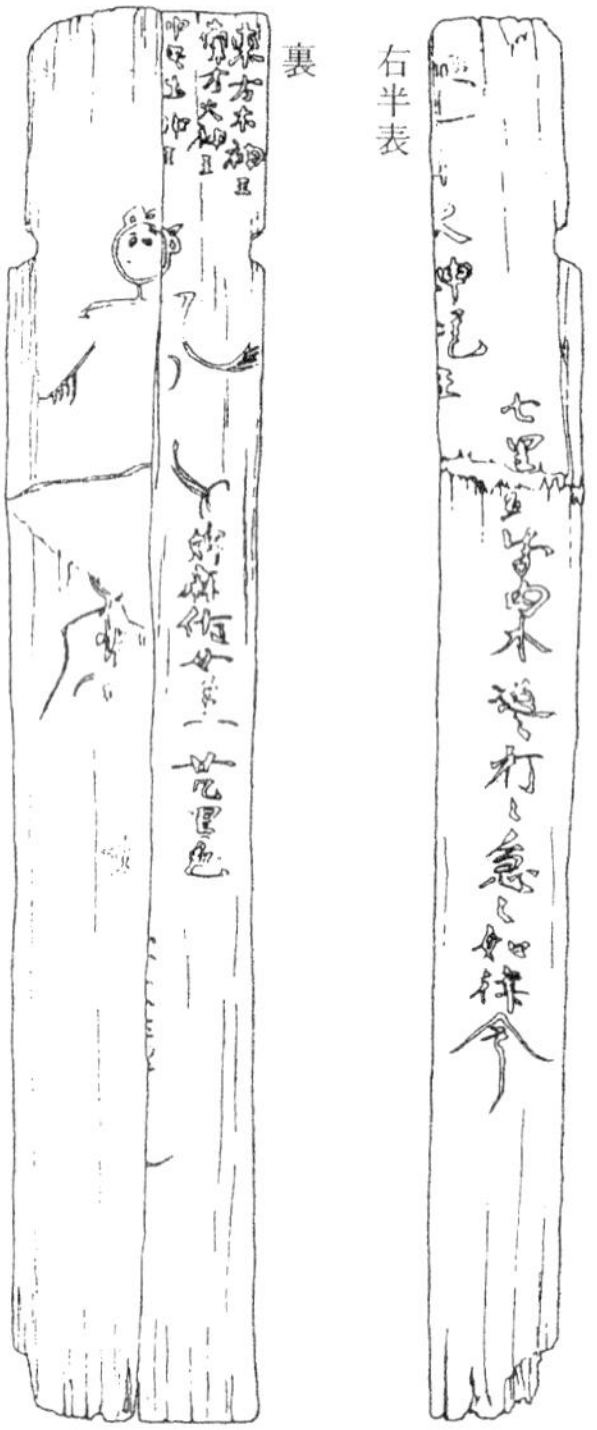

図5　藤原京右京九条四坊出土の人柱木簡（『木簡研究』16号　橿原市教育委員会発掘）

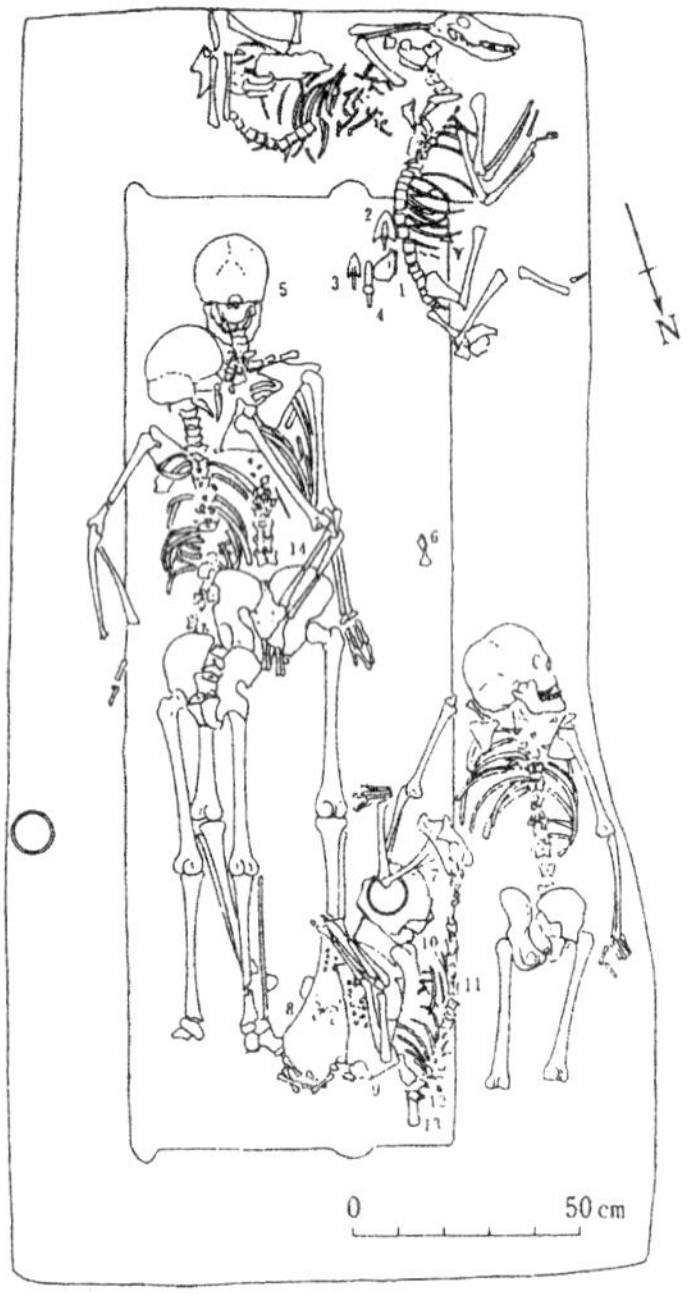

図4　足の無い殉葬者　河北省台西村殷墟（『藁城台西商代遺址』より）

表3　五行配当表

五行	木	火	土	金	水
五時	春	夏	土用	秋	冬
五方	東	南	中央	西	北
五色	青	赤	黄	白	黒

た少年の人骨は、これを実証するものではなかろうか。そうであるとすれば、古代中国の初期奴隷には、戦争や貢献による奴隷もいたであろうが、殷代では異民族の俘虜たちは、むしろ犠牲などとして殺されることが一般的であり、刑罰によって生じた奴隷が、家内奴隷として使役されたものと考えられる。しかし、奴隷としてはまだ未成熟な段階であり、彼らは、主人の死に際しては、殉葬されることもあったのである。

さて、先に述べたように、刑人《けいじん》を賤役に付して終生使役する現象は、肉刑により、社会から葬り去られたものに、余生《よせい》を遂《と》げさせるという恩恵的便法《べんぽう》としてはじまり、その利用価値が認識されることによって、一般化したのであった。しかし、彼らはしばしば「刑余《けいよ》の人《ひと》」とか「刑臣《けいしん》」などの侮蔑《ぶべってき》的な呼ばれ方をされた。その理由は、犯罪者である彼らが、喪《も》に服している人びとと同様に、国の大祭祀の場からは、排除されるべき穢《けが》れた存在であると見なされていたからである（滋賀秀三「中国上代の刑罰についての一考察―誓と盟を手がかりとして―」『石井良助先生還暦祝賀法制史論集』所収、創文社、一九七六年）。この罪人に被《かぶ》せられた罪穢《ざいえ》は、当然のことながら、犯罪没身奴隷の負うところともなった。

人柱木簡の婢

一九九四年三月、奈良県橿原市《かしはらし》城殿町《きどのちょう》の旧藤原京《ふじわらきょう》右京九条四坊の道路側溝《そっこう》跡の発掘調査で、九条条間路から東側側溝にかけられた橋の遺構が見つかった。その橋の周辺から、八世紀初頭のものとみられる八卦法《はっかほう》による珍しい占いの木簡をふくむ数点の木簡が出土した。そのうちの一点に、二人の婢の名と、女子と思われる二人の人物像がマンガ風に描かれた、長さ八三㌢、幅四六・七㌢の大型の呪符木簡《じゅふもっかん》がみられる（図5参照）。

この木簡は縦に二片に割れた状態で出土し、表裏に損傷があって、墨書《ぼくしょ》文字や人物像の全体を知ることはできない。読みとれる文字等は、次のようである（橋本義則「奈良・藤原京跡右京九条四坊」『木簡研究』一六、「一九九三年出土の木簡」一九九四年十一月）。

・「　　七里□□内□送ゝ打ゝ急ゝ如律令
　　四方卅□大神龍王　」

・「東方木神王
　南方火神王　　婢麻佐女生年廿九黒色
　中央土神王　（人物像）　婢□□女生年□□□□［色カ］
　　　（人物像）　」

表側の下方にみえる「七里」の下の□□には、結皆（結界《けっかい》の意か）と読めそうな文字が入るらしく、「内□」の□の文字は、水の第三画をわざと欠いて記したものではないかとも推定されている。上方の文言には、「四方の三十数ヵ所に座す大神龍王」と見える。この大神龍王《だいしんりゅうおう》さんに、（洪水などの際に）七里の結界内の水を、その力を弱めておくり出してほしいと祈願したものか。裏側は、そのための呪術の内容が記されているらしい。上方には、五方位《ごほうい》の守護神とおぼしき五神王《ごしんおう》の名が記されていたらしい。五方とは五位《ごい》ともいい、東・南・中央・西・北の方位をいう。古代中国では、万物を生成するのは、木《もく》・火《か》・土《ど》・金《こん》・水《すい》の五つの元素であると考えられていた。これを五行《ごぎょう》といい、これに春・夏・土《ど》用《よう》・秋・冬の五時《ごじ》や、青・赤・黄・白・黒の五色《ごしき》、あるいは五方が配された（表3参照）。したがって、「中央土神王」に続けて、西方金神王・北方水神王の名があったと思われる。

　人物は略画であり、上方の人物は、手の部分が鳥の羽か植物の葉のようにもみえ、なにか特別なもので体を覆われているようにみえる。人物像の下には、二人の婢の名が見える。二九歳の麻佐女《まさめ》と、生年不詳の□□女である。人物像は、この婢らを表わしたものらしい。麻佐女の名の下に書かれた黒色は、五色の黒であり、水気を表わすが、黒は麻佐女の生年に基づく本命《ほんみょう》の色でもあったとし、易《えき》の八卦《はっか》でみると火《か》に配当される「中女《ちゅうじょ》」（一五～三〇歳の女子）に該当するこの二九歳の女婢は、火から生じた強力な「土気《どき》」と「水気《すいき》」をあわせもち、五行思想の「土剋水《どこくすい》」、つまり、土気は水気に勝つということから、彼女は水を防ぐ呪物《じゅぶつ》であったとも推理されている（吉野裕子「藤原京右京区出土木簡の推理」『東アジアの古代文化』八〇、一九九四年）。

表に書かれた「大神龍王」の竜王は、中国の道教系の民間信仰で、今日でも河川・湖《こ》沼《しょう》や田圃《でんぽ》・井戸を管理し、雨乞《あまご》いの神として有名であり、ときには河川の氾濫《はんらん》をもたらす神としてもうやまわれている。雨神《あまがみ》といえば、四世紀中ごろ、晋《しん》の干宝《かんぽう》が著わした『捜神《そうしん》記《き》』（道蔵《どうぞう》本、巻一）に、一本足の「商羊《しょうよう》」という神鳥《しんちょう》の名がでており、この鳥は水を吸いだすと、一度に渤海《ぼっかい》の水を全部飲むことができると記してあり、また、雨をもたらす風を起こす風伯《ふうはく》も「飛廉《ひれん》」という神鳥だと書いている。「商羊」は、『説苑《せつえん》』辨物篇に、孔子《こうし》の言として、この鳥は洪水が起こりそうになると、舞によって民に急を告げ、「溝渠《こうきょ》」を治めるとみえる。「飛廉」には角《つの》が生えているとも記され（『漢書』武帝紀晋灼《しんしゃく》注）、まったくの憶測だが、婢麻佐女の手が鳥の羽のように描かれていたことや、頭に角のようなものが描かれているのと、何か関係があるのかもしれない。『捜神記』は、『日本国見在書目《にほんこくげんざいしょもく》録《ろく》』（藤原佐世《すけよ》撰）雑伝部に、その名が見えるので、遣隋使・遣唐使によって、日本にも伝来していたことはまちがいない。

この呪符木簡が、道教《どうきょう》の筋につながるものであることは、祈願文の最後に記された「急〻如律令」の句からもはっきりしている。この句は、もとは「律令に記されているように急いでせよ」という意味の結びの句にすぎなかったが、後に道教に取り入れられて、その呪文《じゅもん》や祭文《さいもん》に用いられた語句なのである。日本で陰陽道《おんようどう》といわれているものは、道教が日本で姿を変えたものである。この木簡を用いた呪術は、日本に伝来していた民間道教の呪術の一つであったといってよいだろう。実は、日本古代の天皇と奴婢は、意外にも、ともに道教思想と深いかかわりをもっているのであるが、道教については後でまた、述べることとして、話を木簡にもどそう。

婢はなぜ水に沈められるのか

要するに、この木簡は、橋を水から守るために、婢を人柱《ひとばしら》としておこなわれた呪術に使われたものであるとされているのである。確かに、それも一つの可能な推理ではある。だが、別の見方もできるのではないだろうか。水防の目的から考えてみよう。

この木簡とともに出土した占い木簡の年代は、その内容から、七〇五年（慶雲二）のものであることが明らかにされている（黒岩重人「藤原京木簡と陰陽五行」『東アジアの古代文化』八〇、一九九四年）。したがって、この呪符木簡もまた、七〇五年前後のものと考えてよいだろう。この前年は、特に旱魃《かんばつ》と水害がひどく、全国的に大凶作であった。国史をめくると、七〇四年は、雨が欲しい夏場に雨は降らず、秋口にはイナゴによる被害や台風に見舞われ、大水が凶作に輪をかけた様子がうかがえる。ために律令政府は、この年十月、課役と田租《でんそ》をともに免除することを全国に触れている。とすれば、この呪符木簡は、王都藤原京を水害から守るためにおこなわれた呪術的儀礼に用いられたものと考えられないであろうか。「七里の結界《けっかい》の内」とは、藤原京をすっぽり包みこんでしまえる広さである。

通説では、藤原京は東西四里（約二・一㌖）、南北が六里（約三・一㌖）である。もっとも、近年、従来の推定京域外である耳成山《みみなしやま》北方や西京極《にしきょうごく》とされている下《しも》ツ道の西側などにも、藤原京の条坊《じょうぼう》地割《じわり》の延長線と一致する道路遺構が見つかっている。そこで、東西・南北ともに従来より広い京域であるとする大藤原京説《だいふじわらきょうせつ》等が主張されている。東西と南北のそれぞれが、倍の長さであったとみる大藤原京説だと、七里ではカバーできないことになる。木簡を出土した右京九条四坊は、下ツ道のすぐ東にあたるので、おそらく七〇四年当時の京域は、通説の京域であったのではないかと思われる。この木簡が七〇四年（慶雲元）のものであるとすると、二九歳の婢麻佐女の生年は六七六年（天武五）となる。干支《かんし》では丙《ひのえ》子《ね》である。十二支の「子」は、五行では「水気」の正位、五色では「黒」に配当されるから、麻佐女の本命の色は黒となり、木簡の記載と一致することになる（吉野裕子前掲書）。橋を水から守るためとする見解の難点は、橋といっても、西四坊坊間路《ぼうかんろ》の東側溝（幅〇・四〜二・〇メートル、深さ〇・一〜〇・七メートル）に一部自然木をかけた簡易なものであることだ。橋《きょう》脚《きゃく》もなく、あまりに貧弱なものである。こんな「橋」を対象として、わざわざ、人柱を用いたおおげさな水防の儀礼などするであろうか。はなはだ、疑問である。

次に、婢麻佐女らは人柱として、水に沈められたのであろうか。これについては、実際に人柱として沈められたとする意見と、描かれた画によって代用されたとする考えに分かれている。筆者は、麻佐女らは、水防のための人柱としての機能は果たしたが、水に沈められたのは形代《かたしろ》としての木簡のみであったと考えている。この木簡には、何かに縛りつけるためのものか、上方の左右に切り込みがつけられている。これは、人柱の二人の婢に代わって、杭《くい》などに縛りつけるためのものであろう。

では、なぜに、二九歳の普通の女子ではなく、婢の名が人柱木簡に記されたのであろうか。古代中国の神判《しんぱん》では、罪悪が認められたとき、そのケガレを祓《はら》うために犠牲を水に投じたという。そして、古い時代には、罪人を革嚢《かわぶくろ》にいれて、水中に投げ込む習慣があった。「法」という文字の初形をあらわす金文《きんぶん》は、水・廌《ち》・去から成るが、神判に敗れて汚《けが》れた廌《ち》（神判に用いる神獣）を革袋にいれて、水に投ずることを意味していた（白川静前掲論文）。古代の法は、社会生活上の汚穢《おわい》を祓《はら》い除くという原初的な宗教的観念に根ざしていたのである。罪人とケガレの結びつきは、歴史的にも古くさかのぼるといってよい。そして、罪人から生まれた奴隷もまた、罪のケガレを負う存在である。人柱とは、言わば災《さい》厄《やく》を祓うための犠牲である。人柱として水に沈められるのは、無辜《むこ》の婦女ではなく、穢《けが》れた存在である婢でなければならなかったのである。

わが国の未開社会においても、罪人は殺されるか（『古事記』下巻仁徳天皇段の「死刑《ころすつみ》」）、あるいは共同体の外へ追放されたものと考えてよいだろう。

罪穢と祓え神事

当時の「追放」の意味を考えるうえで、参考となる説話が記紀《きき》神話にみえる。出雲《いずも》神話では、ゴジラの宿敵《しゆくてき》、キングギドラのような八俣大蛇《やまたのおろち》を退治した英雄神として語られる素戔嗚尊《すさのおのみこと》（須佐之男命）は、高天原《たかまがはら》神話では、天地を暗黒の世界とする邪悪な神に描かれている。本来は、民間の英雄神であったといわれているスサノヲは、ここでは伊弉諾尊《いざなぎのみこと》の末子とされ、天照大神《あまてらすおおかみ》と月読命《つくよみのみこと》の弟とされる。しかし、スサノヲは委任された国を治めようともせず、昼も夜も泣きわめいたので、亡き母のいる「根《ね》の国《くに》」に追放されることになり、姉のアマテラスが治める天上世界に暇乞《いとまご》いにくるが、そこで、アマテラスの御《み》田《た》の畔《あぜ》をこわし溝を埋めて荒らしてしまったり、新嘗《にいなめ》の大御饌《おおみけ》（神への供物）を供える宮殿に、こともあろうに糞《くそ》を撒《ま》いて穢《けが》し、ついには、アマテラスが斎服殿《いみはたどの》で神の召す衣を織っている最中に、「天《あめ》の斑馬《ふちごま》」を逆剝《さかはぎ》にして屋根の上から投げこんだりするなどのツミを犯した。そこで、アマテラスは怒って「天《あめ》の石屋戸《いわやど》」に隠れたので、天地は暗闇に覆われてしまう。そのため、神々はスサノヲに、千座置戸《ちくらのおきど》（罪科の代償として差し出す物品を置く台）を負わせてツミを贖《あがな》わせ、鬚《かみ》や手足の爪を切り、祓えをさせたうえに、すべての罪穢《ざいえ》がおいはらわれる「底根国《そこつねのくに》」へ追放してしまう。

高天原を追放されたスサノヲは、青草を束ねてつくった笠蓑《かさみの》をつけた姿で、宿を衆神《もろかみ》に乞《こ》うが、神々は汝《なんじ》の「躬《み》の行濁悪《しわざけがらわ》し」として、誰ひとり泊めてくれなかった。スサノヲは、罪穢を負う躬《み》であったから、ケガラワシとされたのであるが、この罪穢とは、原初的には、「国の大祓《おおはらえ》」で祓われる「生剝《いけはぎ》・逆剝・阿離《あはなち》・溝埋《みぞうみ》・屎戸《くそと》・上通下通婚《おやこたわけ》・馬婚《うまたわけ》・牛《うし》婚・鶏《とり》婚」（『古事記』仲哀《ちゅうあい》天皇段）などのツミがひき起こすケガレであった。これらは、共同体の秩序を損《そこ》ない、タブーを破るツミである。家畜の皮を生きたまま剝ぐ「生剝」、逆方向から剝ぐ「逆剝」、人の田の畔や溝をこわす「阿離・溝埋」、肥料の糞に呪《のろ》いをかける「屎戸」までは、農業を妨害するツミである。父と娘、母と息子の間の性行為をいう「上通下通婚」から馬・牛・鶏とのいわゆる獣婚《じゅうこん》は、共同体における性的タブーである。これらの悪《あ》しき行為の結果として、神々の怒りをよび、共同体内に災気《さいけ》が生じ、人びとに不幸をもたらすと考えられていた。そこで、この災気を祓うため、祓え神事がとりおこなわれた。スサノヲ神話では、彼の鬢《かみ》や手足の爪（『日本書紀』では唾液・洟《はなみず》とも す る）を祓《はらえ》具《つもの》として神に捧げ、本人の力を奪ったことが見えるが、これは、ツミをひき起こした悪しき霊威《れいい》をこれに移して、災気を除こうとしたのである。

神話に残された痕跡からの推測ではあるが、わが上代社会でも、共同体全体の罪穢を、罪人に負わせて放逐《ほうちく》したり、ときには犠牲として神に捧げるために殺したりしたことがあったにちがいない。呪符木簡に記された人柱の婢は、こうした古い時代の宗教的観念や共同体慣行を、その歴史的背景として有していたと思われるのである。

日本古代の肉刑

罪人素戔嗚尊の鬢を切ることは、あるいは『周礼《しゅらい》』にみえる髡刑《こんけい》にちかい肉刑が、わが上代社会においても、おこなわれていたことを示すものかもしれない。早くから文明の段階に達し、王朝の盛衰と権力闘争がくり返されてきた中国では、多様な身体刑が編みだされ、実施された。しかし、日本では、初期の刑罰としての肉刑はあまり発達せず、刑の種類も多くはなかったようである。それでも、顔へ入れ墨をする黥刑や、膝の筋を斬る刑罰などが、一時期実施されていたらしい。

黥刑とされたのは、謀反の罪により、死一等を許されて「墨刑《ぼくけい》」を科された阿曇連浜子《あずみのむらじはまこ》（『日本書紀』履中《りちゅう》天皇元年四月条）や、その飼い犬が「鳥の官《とりのつかさ》」の禽《とり》を食べてしまった罪により、「天皇」の怒りをかい、顔に入れ墨《いずみ》をされて、「鳥養部《とりかいべ》」とされた菟田《うだ》の人（同前、雄略天皇十一年十月条）などである。これらは、かつて石母田正《いしもだしよう》が指摘したように、五世紀の王権下での身分に関する刑罰であったと思われる（『日本古代国家論 第一部―官僚制と法の問題―』岩波書店、一九七三年）。『魏志倭人伝《ぎしわじんでん》』にみえる「水人《すいじん》」、つまり海人《あま》などの限られた集団の、習俗ないし風習としての「黥面《げいめん》」とは別に、推古《すいこ》朝以前のほぼ五世紀代、いわゆる「倭《わ》の五王」の時代に、中国の南朝《なんちょう》でおこなわれていた黥刑の知識が伝えられ、一時期、わが国でも顔への入れ墨刑がおこなわれていたと考えられるのである（伊藤純「古代日本における黥面系譜試論」『ヒストリア』一〇四、一九八四年）。

膝の筋《すじ》を切断する刑は、『古事記』の顕宗《けんぞう》天皇段にみえる。死罪を犯した山代《やましろ》の猪飼《いかい》の老人《おきな》の一族に科されたものである。中国の刖刑《げつ》に近い、肉刑の一種であったと考えられるが、『日本書紀』神功《じんぐう》皇后摂政前紀の一書にも、捕虜にした新羅《しらぎ》の王の膝の筋を抜いたことがみえる。この後、猪飼部《いかいべ》の民が都に上るときは、「天皇」のいる大和国へ入る国境で、必ず彼らは、「跛者《はしゃ》」すなわち、足をひきずるしぐさをすることになったと、この説話は伝える。「跛者」については、これより以前、垂仁《すいにん》天皇段にもみえる。

御子《みこ》のホムチワケは生まれついての「唖子《あし》」（口のきけない人）であったが、太占《ふとまに》（鹿の骨を灼《や》いてする占い）で占ったところ、出雲の大神の祟《たた》りとわかり、二人の王をつき添いとして、出雲国へ赴くことになる。このとき、山背《やましろ》国へ出る奈良山越しや、川内《かわち》へ通じる大坂山（穴虫峠《あなむし》）越しで行けば、「跛・盲」と出会って不吉だから、まわり道にはなるが、木《き》国（紀伊国）へ出る真土山越しが良い、との占象《うらかた》がでている。この記事から、当時の坂や峠には、共同体から放逐された身体の不自由な人びとや、やむを得ず村を離れた障害者たちが集まっていたことが推測されている（森明彦「古代の被差別民」『新修大阪の部落史』一九九五年）。そして、この記事は、こうした人びとへの拭《ぬぐ》いがたい偏見が存在したことをうかがわせるという。しかし、そうであろうか。この記事は、神話的表現による要素が強いことを考慮すべきである。ホムチワケの御子自身が障害者であること、生まれついての身体的障害の原因が、神の祟りであり、実際に、この説話でも、出雲の大神を参拝した結果、御子の口がきけるようになったとされている。身体障害者は体が不自由であるという理由から、ただちに放逐されたり、偏見の目で見られたのではない。罪を犯し、肉刑をうけて障害者となった人びとが、行き場をうしない、国境などに住みつくことがあったのであろう。これから、聖なる出雲の大神を詣《もう》でる旅にでる御子にとって、こうした罪穢を負う人びとと出会うのは、不都合であった。もちろん、紀伊へ出る「木戸《きど》」の道を行っても、穢れを負う人びとと出会う可能性はある。

占いの結果として、真土山越えが選ばれたのは、この記事の前段とのかかわりからであったと思われる。すなわち、白鳥をみた御子が、はじめてあごを動かし声を出そうとしたので、天皇は大鵠《おおたか》という人物に命じて、この白鳥のあとを追わせた。彼は、紀伊―播磨《はりま》―因幡《いなば》―丹波《たんば》―但馬《たじま》と追い続けるのであるが、『日本書紀』では、出雲で捕獲したとしている。要するに、叙述そのものが神話的、文学的表現によるものなのである。

犯罪奴隷の系譜

弥生時代には、戦争による奴隷も生じていたという説もあるようだが、どうであろうか。吉野ケ里遺跡等では、墓から首のない人骨も出ている。首狩りがされたのであろうか。そういう社会では、戦争奴隷は生まれないだろう。一方、犯罪奴隷の起源は古く、よく知られていることだが、『魏志倭人伝《ぎしわじんでん》』に「その法を犯せば、軽《かろ》きはその妻子を没し、重きはその門戸《もんこ》および宗族《そうぞく》を滅ぼす」とみえる。また、

『隋書《ずいしょ》』東夷伝倭国《とういでんわこく》条には、財物でもって罪をあがなう贖罪《しょくざい》を認めている一方、「財無き者は身を没して奴と為す」と記す。

「刑余《けいよ》の人」を奴隷とした事例は、『日本書紀』に二例みえる。五六二年（欽明《きんめい》天皇二三）六月条の、「皇后《きさき》」の鞍を盗んだ疑いをかけられて投獄され、拷問死した馬飼首歌依《うまかいのおびとうたより》のふたりの子が、連坐によって火刑《かけい》に処されるところを許され、「神奴《しんぬ》」とされた例と、讒言《ざんげん》により兄を罪におとそうとした甘美内宿禰《うましうちのすくね》の死一等を免じて、紀伊直《きいのあたい》らの祖の私有民にした例（応神《おうじん》天皇九年紀）である。死刑となるべきものを免じて奴隷とするケースが、律令制以前のわが国にもあったことは認めてよかろう。刑罰としての没身刑の令制以前における実例は、甘美内宿禰のケースと、雄略《ゆうりゃく》天皇十四年紀四月条の、横領罪を犯した根《ね》使王《のおみ》を死刑にし、その子孫を二分して、一分を「大草香部《おおくさかべ》の民《たみ》」とし、一分を茅渟県主《ちぬのあがたぬし》の「負嚢者《ふくろかつぎひと》」とした例である。この「負嚢者」は奴隷のことと考えてよい。他人のためにフクロを背負うということは、人格的に人に隷属していることを象徴するといってよい。

律令制下で没身刑とされたのは、謀反および大逆《たいぎゃく》罪を犯したものの父子と、贋金《にせがね》づくり（私鋳銭《しちゅうせん》といった）の罪を犯した人などであった。七四〇年（天平十二）の藤原広嗣《ひろつぐ》の乱の後、五人が「没官」されている例が国史に見える。贋金づくりについては、七〇九年

（和銅二）に、主犯を没身刑とすることが定められ、二年後には従犯のみを没官し、主犯は死刑とする規定に変わった。一時期、没官刑はなくなるが、八二二年（弘仁十三）からは、主犯・従犯を問わず、死ぬまで官の鋳銭司《ちゅうせんし》に配属して使役することとなった。

令制下では、現実に罪人や、反逆人に縁坐した人びとが没官されて、官戸・官奴婢とされたり、謀反人を糾弾する天皇の詔《みことのり》の中で、彼ら重罪人が「穢奴等《きたなきやつこども》」（『続日本紀』天平宝字元年七月戊午条）と表現されたことなどによっても、奴婢を罪穢と結びつけて卑賤視する観念が助長されたのである。わが国に良賤制が導入された際、奴隷に賤身分が付与されたのは、中国と同様に、日本においても、奴隷（奴婢）といえば基本的には「刑余の人」であり、罪穢を負うべき存在とみられていたことによると考えられる。

古代天皇制の成立と良賤制

天下大解除と奴婢

六八一年（天武十）七月三十日のことであった。大王天武は、諸国に大解除《おおはらえ》（大祓）をすることを命じた。このとき、諸国の祭祀をつかさどる国造《くにのみやつこ》らは、それぞれ「祓柱《はらえつもの》奴婢《ぬひ》」ひとりを献上して祓《はら》えをおこなった。

大祓は、災気《さいけ》やツミの穢《けが》れを祓うための、道教《どうきょう》に起源をもつ神事である。かつて、共同体の秩序やタブーを侵す罪人が出現したとき、人びとはそのツミの穢れにより、彼らの生活圏が汚染されることを恐れて、災気を祓うために大祓をおこなった。大祓では、ハラエツモノと呼ばれる品々が神に供《そな》えられた。大宝令制下の諸国大祓では、国造が出すハラエツモノは馬一疋であった。その前の浄御原令《きよみがはらりょう》でも、国ごとに国造が輸《いた》す祓柱《はらえつもの》は、『日本書紀』にみえる次の六七六年（天武五）八月十六日に実施された四方《よも》大解除の際の「用物」規定から、馬と布であったと考えてよい。

四方《よも》に大解除《おおはらえ》せん。用いる物は、国別に国造輸《いた》せ。祓柱《はらえつもの》は馬一匹・布一常《ひときだ》。以外は郡司、各刀一口・鹿皮一張・钁《くわ》一口・刀子《とうす》一口・鎌《かま》一口・矢一具・稲一束。また戸毎に麻一条。

天武五年の四方大解除は、令制下の諸国大祓の先駆をなす国家的行事であったのであるが、十年の天下大解除では、馬ではなく人間である奴婢が祓柱とされており、この大解除が、なにか特別の意義をもつ行事であったことが予想される。

ところで、ハラエツモノとは、本来、それにケガレを付して捨て去るものであった。先に述べたスサノヲ神話では、天上界の清浄と秩序を破壊したスサノヲは、①千位《ちくら》の置戸《おきど》を負わされ、②髪と手足の爪を抜かれて力を奪われ、③神ヤラヒ、つまり追放刑に処せられている。このうち、祓えのおおもとを示すのは②であり、その後、祓え神事が発展する過程で、①のチクラノオキド、すなわち祓具《はらえつもの》としての財物が贖《あがな》われる慣行が付加されたものと考えられる。今日でも、毎年六月三十日に、全国の神社等で、名越《なごし》（夏越）の祓えがおこなわれており、茅輪《ちのわ》くぐりの神事なども催されるが、筆者の住む岡崎市の伊賀《いが》八幡宮《はちまんぐう》では、近隣の住民に、紙の人形《ひとがた》の入った茶封筒を配布してくれる。この人形に姓名と年齢を記して封に入れ、息を吹き込んでから糊付けして神社に返すのである。その際、千円札をつけたりするわけだが、②にあたるのが封に入れられたヒトガタであり、お札は①にあたるものといってよい。現代の紙製の人形は、祓えをする人のために、そのケガレをつけられ、神社で祓われ焼き捨てられるのである。律令時代には、木や鉄で作られたり、金銀塗りの人形ないし「人像」が大祓儀礼に用いられた。藤原京や平城京などの遺跡からは、そうした形代《かたしろ》としての人形がたくさん出土している。後世、撫物《なでもの》とも呼ばれた人形の役割は、これに人のツミ・ケガレを移すということであった。中央における大祓では、金銀塗りの人像が用いられたが、『延喜式《えんぎしき》』の大祓詞《おおはらえのことば》には「銀人をもって、禍災《かさい》を除かんことを請う」とみえる。この大祓の当日、天皇と中宮のためにおこなわれた「御祓」には、鉄人像が用いられ、これに彼らの禍《わざわい》を移して、河に流したのである。

このような人形の起源は、中国の漢代の墓に入れられている鉛人《えんじん》に求められている（金子裕之「日本における人形の起源」『道教と東アジア――中国・朝鮮・日本』所収、人文書院、一九八九年）。この鉛製人像は、男女二体を一組として墓室内の陶缶《とうかん》に入れられ、缶の表に朱《しゅ》書きで「死者の解適《かいてき》、生人の罪過《ざいか》を除かんとす」とあり、死者の生前の罪過（悪《あく》行《ぎょう》）・懲罰を解除してもらう（解適）ため、鉛人に罪の身代わりをさせていることがわかる。そして、この人像・人形を用いる習俗が、道教の文献である『赤松子章暦《せきしょうししょうれき》』にみえることや、朱書の文言に道教の用語である「解適」などが使用されていることから、これもその文化の一つであったと考えてよい。

大王天武と祓柱奴婢

さて、生身《なまみ》の奴婢をハラエツモノに仕立てた、天武十年の天下大解除の真の目的は何であったのか。このときの諸国国造による祓柱奴婢の貢献について、『政事要略《せいじようりやく》』巻二六に引用されている多米氏《ためし》系図の逸文《いつぶん》に、「時に天皇《すめらみこと》の御命、贖《あがな》うの人を四方《よも》の国《くにのみやつこ》造等献《たてまつ》りき」と見える。つまりは、天下大解除は、大王天武の災気を祓い、その命を贖うものとして、奴婢が祓柱とされたのである。大王天武は、周知のように、壬申《じんしん》の乱を起こして、王位についた人物である。彼の手は、この戦いで死んでいった多くの将兵や近江朝廷方の人びとの血で、真っ赤に染まっていた。清浄なる君主とは、ほど遠い存在であった。ほぼ一五年間にわたる天武朝も、その前半は決して安定したものではなく、「妖言《およずれごと》」する者（四年十一月）、「乗輿《きみ》（天皇をさす）を指斥《そし》」る者（六年四月）、「暴《あら》く悪《あ》しき者」（八年十月）などが現われ、壬申の乱の功臣たちが次々と世を去る一方、配所先では旧近江朝廷の臣が不穏な動きをみせたものか、この子孫を百姓として遠く「東国」へ移さねばならなかったり（五年四月）、王族の中からも三位麻続《おみの》王《おおぎみ》とそのふたりの子を因幡《いなば》・伊豆嶋《いずのしま》・血鹿嶋《ちかのしま》（四年四月）等へ、筑紫大宰《つくしのおおみこともち》三位屋垣《やがき》王を土佐（五年九月）へと、それぞれ流罪とすべき罪人を生み、また、飛鳥京《あすかきょう》に移ったことで、旧勢力である漢《あや》氏一族を、陰謀などの旧悪を不問に付したうえで抱きこまねばならなかった（六年六月）。

今、改めて天下大解除のおこなわれた天武十年に注目すると、その二月に、最初の日本令である浄御原令《きよみがはらりょう》の編纂が開始されている。この令が施行されたのは六八九年（持統三）であるが、まったく新たな人民支配の方式として、良賤制を採用することは、当時すでに予定されていたにちがいない。天武は、六七五年（天武四）に豪族たちの私有民のうち、奴隷以外の「部曲《かきのたみ》」を解放し、公民制への第一歩を踏みだしていた。新たな良賤制の身分体系では、この旧部曲は良人身分の中核となるべき存在であった。そして、一方の賤身分には、奴隷である奴婢を充てることも決めていたにちがいない。しかし、従来、奴婢と部曲はともにヤツコと呼ばれる私有民に属し、奴婢にたいする差別も、奴隷としての差別以上のものは存在しなかった。他方、大王の地位自体も、この新たな身分秩序を成立させるうえで、「飛躍」する必要があった。天武十年の三月、大王は「帝紀《ていぎ》および上古《いにしえ》の諸事」を検討して筆録することを川嶋《かわしま》皇子他に命じている。新たに、歴代の大王の系譜とその説話を記し定めるにあたって、王権の神聖性が、改めて強調され認識される必要があった。

要するに、六八一年の時点で、大王が新たにかかえた課題は、奴婢（ヤツコ）を賤身分に充てるに際して、従来からの奴婢にたいする社会的認識とのギャップを埋め、奴婢への卑賤観を創出することと、己が治める国が、「華夏《かか》」としての飛鳥京を中心とする神聖国家であることを明示することであったと思われるのである。

この年七月三十日に突如挙行された天下大解除は、右の二つの政治的課題を一挙に解決するために巧妙に仕組まれた、大王の一大デモンストレーションであった。国家行事としての大祓の本来の目的は、王権がおよぶ領域内の一切の罪悪・汚穢等を祓い除いて、「清潔なる新生国家」を樹立することにあった（青木紀元『日本神話の基礎的考察』風間書房、一九七〇年）。しかるに、この天下大解除では、なによりも大王天武の災気が祓われ、ハラエツモノとされた奴婢は、大王の命の贖いとされたのであるから、大王の清浄性を強調する一方、その対極に罪穢を一身に負う奴婢＝賤という虚偽意識を生むことになる。

浄意識と天皇制

天下大解除の演出は、大王天武の得意とする道教の知識に基づくものであった。彼は、大海人皇子《おおあまのみこ》として、壬申の乱をたたかう過程でも、自ら式《ちく》をまわして、戦況を占ったりしており、「天文《てんもん》・遁甲《とんこう》（占星《せんせい》術の一種）」をよくし、占星台《せんせいだい》を建てたり、風神《ふうじん》を龍田《たつた》の立野《たつの》にまつるなど、道教ないしプレ道教の思想による行動が顕著であった（福永光司『道教と日本思想』徳間書店、一九八五年）。このたびも、道教起源の大祓という宗教的儀礼の衣《ころも》を借りて、彼は見事に二つのさし迫った政治的課題をクリアーしたのである。

この天下大解除を画期として、天武朝後期には急速に王権の内部において、ケガレにたいする浄の意識が高められてゆく。六八五年（天武十四）制定の冠位制では、爵位《しゃくい》の号が明《めい》位・浄《じょう》位に改められ、これを諸王以上の位とし、臣以下の位と明確に区分されることになる。翌朱鳥《あかみとり》元年七月には、宮号《みやごう》を浄御原宮《きよみはらのみや》とし、天武の病気平癒《へいゆ》のため、「浄行者《おこないひと》七十人」を出家させ、宮中の御窟院《みむろのまち》で斎会《さいえ》が実施されている。この御窟院は、国学者伴《ばん》信友《のぶとも》（一七七三～一八四六）が推測したように、「天《あめ》の石窟戸《いわやど》」であり、天界《てんかい》（高天原）のそれにつながるものであったろう。

また、天武―持統政権は、六世紀、梁《りょう》の陶弘景《とうこうけい》が集大成した茅山《ぼうざん》道教の教理にみられる、天界を治める天皇大帝《てんこうたいてい》になぞらえて、王権の神聖化と自らの神格化を図っている。茅山道教では、仙《せん》の世界の元首である天皇大帝は、紫宮《しきゅう》（紫微《しび》宮）をその宮殿とし、真人《しんじん》と呼ばれる高級官僚を従え、この世界における太和《たいわ》（大和）と、神道《しんとう》の教えによる太平《たいへい》の世の実現を、剣と鏡の二種の宝器の霊力にかかわらせて説いている（福永光司『道教思想史研究』岩波書店、一九八七年）。天武の和風諡号《わふうしごう》「天渟中原瀛真人《あまのぬなはらのおきのまひと》天皇」の瀛は、神人《しんじん》が住む海中の神山の一つ瀛州《えいしゅう》の意味であり、神人・仙人の意味をも有する真人の語とあわせて、天界の神そのものを意味していると考えられている。周知の通り、天武の定めた八色《やくさ》の姓《かばね》の最上位に、カバネ真人《まひと》が置かれている。天武がこのカバネ真人を、大王継体《けいたい》以降の大王の近親者の後裔氏族に賜姓《しせい》したのは、まさに彼らを天皇大帝に近侍《きんじ》する高級官僚である真人に位置づけてのことではなかったろうか。

天武の妃であり、夫の在世中からその政《まつりごと》を補佐し、天武の後を受けて即位した持統《じとう》女帝の和風諡号「高天原広野姫《たかまのはらひろのひめ》天皇」には、天界の神々の集《つど》う高天原の名が入っているが、この語のルーツも、古い道教関係の文献にみることができるという。持統は神仙境とされる吉野へしばしば行幸したことでも有名な女帝であるが、天界の高天原につながる神山とみなされていた天《あま》の香山《かぐやま》へも、薬猟《くすりがり》等でよく訪れている。こうした彼女の行動は、たんなる息抜きといったものでは決してなく、天界の明神《あきつかみ》につながる天皇としての自覚的行動であったと思われる。天武と持統が仲良く合葬されている、檜隈大内《ひのくまのおおうち》陵は、珍しい八角形墳である。この八角は、道教の神学において、天皇大帝が、八荒《はっこう》（八紘）、つまり宇宙ないし世界の全体を八角形としてとらえ、その中心に高御座《たかみくら》を置いて、全宇宙を一宇《いちう》（一つの家）として統治する、とされていることと無関係ではなさそうである（福永光司『道教と古代日本』人文書院、一九八七年）。しかも、『古事記』序文において、太安麻呂《おおのやすまろ》は、天武が「天統《あまつすじ》を得て八荒《はっこう》を包《か》ねたまひき」と書いている。この八紘一宇《はっこういちう》の思想は、「大東《だいとう》亜共栄圏《あきょうえいけん》」建設を標榜《ひょうぼう》した日本のアジア侵略戦争において、大いに喧伝《けんでん》されたことは、まだ記憶に新しいことである。

太平の世の実現という、今日でも通用するような神聖なる政治的理想を、道教では「天《てん》下太平《かたいへい》」あるいは「天地太和《てんちたいわ》」などと呼ぶ。王権の所在地を大和《やまと》と称し、即位の儀式に八角形をした高御座を用い、そのシンボル・カラーを紫とするわが国古代の天皇制の成立に、神仙道教の教理・神学が利用されたことはまちがいない。天皇号《てんのうごう》が公式に用いられるようになるのは、この時期とみてよいであろう。当時、日本がもっとも恐れ、かつ畏敬《いけい》してやまなかった大唐帝国では、高宗《こうそう》の治世下でかつてなく道教信仰がさかんであった。高宗自身も道教を厚く信仰したといわれており、その彼が一時期、みずからを天皇と称したのである。天武の「道教かぶれ」は、この高宗への意識もあったかもしれない。言い方は悪いが、雑多な呪術をも含みつつ、それなりの完成された神学をもつ道教の思想は、人が神に変身するためのマジックにふさわしいものであった。天武と持統は、律令の導入と王権の抜本的強化というさし迫った課題を、道教の哲学と呪術を利用することによって、見事に達成したのである。

奴婢の皂衣

六八一年の天下大解除の祓柱《はらえつもの》とされた奴婢たちは、大王の罪穢をつけられて、そのまま朝廷に勤仕《ごんじ》する官奴婢とされた（石上英一「官奴婢について」『史学雑誌』八〇—一〇、一九七一年）。この官奴婢身分の成立を契機として、私有奴隷である私奴婢をふくめた賤身分が浄御原令で成立することになる。奴婢＝賤身分が行政レベルで実行に移されたのは、六九〇年（持統四）の庚寅年籍《こういんねんじゃく》からであり、奴婢は奴伊万《いま》呂《ろ》・婢麻佐女《まさめ》のように、無姓者として記載され、その後、解放されるまで奴婢身分を世襲させられることになる。賤身分とされた奴婢がうけた最初の差別であった。続いて六九三年に、持統女帝は、天下《あめのした》の百姓《おおみたから》の服色を黄色衣《きぞめのきぬ》、奴婢《やっこ》は皂衣《くろきぬ》とする詔を下した。先述のように、天下百姓とは、有姓の被支配身分、つまり課役負担民をさす語であった。これは朝服《ちょうふく》、すなわち宮殿に伺候《しこう》したり、公務につく際の服色であるが、一般民衆の黄色衣と区別して奴婢に皂衣＝黒衣を着せることにしたのは、いかなる意味であろうか。筆者は、二つの意味があったと考える。

一つは、いうまでもなく黒衣によって、一目で奴婢とわかるための可視的《かしてき》身分標識であったということである。実は、このことは、良賤制という東洋古代社会に特有の身分法が生まれた歴史的事由と、密接にかかわる事柄なのである。かつて、石母田正《いしもだしょう》は、西洋の奴隷と異なり、東洋の奴隷が賤身分とされ、良賤制という特殊アジア的な身分法の網に捕えられたのは、東洋では奴隷制が十分に発展せず、未熟な段階にとどまったことと、合わせて東洋的な専制的政治秩序が強固であったことによると説明した。つまり、発達した商業のもとで成立した、西洋古典古代の奴隷制社会では、奴隷は自由な財産として、外見上もすぐに奴隷とわかるほどに、その階級的本質をあらわにするから、賤民制のような特殊な身分法を必要としない。しかし、東洋では、奴隷は一般の家族らとともに、家内の消費のための生産に携わるという、奴隷制としては未熟な段階にあったため、奴隷に賤民身分という外皮《がいひ》を付して区別する必要があったというのである。

石母田説は、基本的に支持されるべきと考える。そのうえでさらにつけ加えれば、ギリシア・ローマの奴隷が賤身分とされなかったのは、彼らが戦争や売買によってもたらされた、異民族ないし異種族の出自であったからである。たとえば、前四世紀のアテナイでは、購入奴隷が典型的奴隷であった（エミリア・リヴォヴナ・カザケヴィッチ〔柳俊夫編訳〕『古典期アテナイの市民・非市民・奴隷』御茶の水書房、一九九五年）。ここでは、共同体の内部から負債等によって生じた奴隷は、外国に売られてしまう。また、犯罪奴隷は存在しなかった。一方、古代中国では、先述のように、早くから共同体の内部から生み落された奴隷が大きな位置をしめており、それら奴隷が刑罰によって没身された穢れた存在であるという認識が強固に存在した。そのために、奴隷に一目でそれとわかる感性的身分標識を付与し、賤身分として一般の同胞《どうほう》から分離せねばならなかったのである。

奴婢の皂衣は、その意味で、すべての良人から奴婢を分離するための、賤身分の象徴であった。

第二に、養老令の衣服令服色条では、礼服《れいふく》の服色序列の最上位に天皇の白をおき、最後尾に橡墨《つるばみすみいろ》を配置している。同令制服条では、本文には无位《むい》の黄袍《きのころも》までしか規定されていないが、その後に、本注のかたちで「家人奴婢。橡墨衣《つるばみすみぞめのころも》」とあり、服色条の橡墨が、家人奴婢の服色であることは明白である。橡墨衣とは、櫟《くぬぎ》の実（どんぐり）の煎汁《せんじゆう》で黒く染めたものであり、皂衣と同じものである。服色条の配列は、天皇の白・皇太子の黄《おう》丹《だん》・親王の紫というように、身分の序列にならっている。とすれば、奴婢の皂衣は、なによりも天皇の白の対極に設定されたものであり、聖と清浄を象徴する白色と、凶服《きょうふく》にも用いられる皂衣（『日本書紀』朱鳥元年正月癸卯条）が対照的関係にあったと考えられる。白と黒はともに無彩色であり、いわゆる有色ではない。皇太子以下、无位の良人までが有色であることは、有色を有姓に置きかえれば、そのまま姓の秩序と同一の構造がここに見られることになる。奴婢が無色に通じる黒を服色とされたのは、奴婢の無姓を象徴するものといってもよい。奴婢の皂衣は、天皇の清浄性をきわだたせる機能をもつと同時に、奴婢が卑賤な無姓者であることを表わすものでもあったのである。

卑賤観と差別を助長した宗教思想

南都仏教と奴婢差別

守屋の奴

令制下の古代寺院の多くは、家人奴婢《けにんぬひ》を所有していた。この寺奴婢《じぬひ》制が成立する過程には、大別して次の二種があった。

一つは、寺の創建主である天皇以下貴族・豪族等の奴婢施入《せにゅう》によるものである。大半の寺院では、このケースによって寺奴婢制を成立させたと考えてよい。だが、良賤制成立以前から奴婢（ヤツコ）を隷属させていた初期寺院の場合、権力闘争に敗れて滅亡した氏族の隷属民や、ときには一族のものが奴隷として入れられることによって、それが奴婢制の基礎となったと考えられる。

たとえば、法隆寺（斑鳩《いかるが》寺）の家人奴婢の淵源《えんげん》は、先述のように旧上宮《じょうぐう》王家の隷属民につながるが、これは山背大兄皇子《やましろおおえのみこ》が、軽《かる》皇子（大王孝徳《こうとく》）や蘇我入鹿《そがのいるか》（鞍作《くらつくり》）らとの王位継承をめぐる政争に敗れ、厩戸《うまやど》皇子以来の上宮王家を滅亡させた結果、王家の使用人・隷属民等が寺に配属されたものであろう。これより以前、蘇我氏との権力争いに敗れた物《ものの》部《べの》守屋《もりや》家の奴（ヤツコ）の半分は、宅《やけ》とともに四天王寺《してんのうじ》に入れられ、寺の奴婢にされている（『日本書紀』崇峻《すしゅん》即位前紀秋七月条）。『聖徳太子伝暦《しょうとくたいしでんりゃく》』（九一七年撰述）によれば、大《おお》連《むらじ》守屋を倒したあと、直ちに大伴咋子連《おおとものくいこのむらじ》らが大連家に入り、「子孫資財田宅」を「寺分」としたという。敗者の支配下にあった隷属民は、勝者の手によって処分されたわけである。令制下においても、それは変わらず、恵美押勝《えみのおしかつ》（藤原仲麻呂）の乱後に、押勝一党の没官奴婢が、勝者である称徳《しょうとく》天皇が建立した西大寺《さいだいじ》へ献入されている。

　ところで、注意したいのは、四天王寺に没入されたのは、八世紀の『日本書紀』では「奴」だが、十世紀初めの『聖徳太子伝暦』では「子孫資財」と書かれ、さらに十一世紀初めごろに偽撰《ぎせん》された『四天王寺御手印縁起《ごしゅいんえんぎ》』では「子孫従類《じゅうるい》二百七十三人を寺の永奴《えいぬ》婢《ひ》と為《な》す」と記されることである。当初、奴（ヤツコ）つまり、大連支配下の隷属民に限定されていたものが、大連の係累《けいるい》（子孫）までふくめて寺奴婢とされたというのである。後世、三宝《さんぼう》の興隆に敵対した人物との烙印《らくいん》をおされた守屋一族の子孫が、仏罰《ぶつばつ》を受けて寺奴婢身分におちるのは当然であるという意識が、おそらくこのような潤色《じゅんしょく》となったのであろう。四天王寺に配された人びとは、覇権《はけん》争いとは直接にはかかわりのない隷属民たちであったろう。しかし、寺の奴婢とされた人びとは、重罪人として死んでいった守屋とその一族とともに、生きながら罪科《ざいか》を負わされることになる。このツミは王権＝神聖をケガすものであり、これによって生じた罪穢《ざいえ》により、没身された人びともまた「汚《けが》れた奴《やっこ》」とみなされることになったにちがいない。では、このような一種の犯罪没身奴婢は、どうして寺院に入れられることになるのか。

寺奴婢とキヨメ

罪人やその一党を寺院に入れて、寺の駆使《くし》に充てた例は、五世紀後半の北魏《ほくぎ》や、六世紀中頃の新羅《しらぎ》にもみられる。北魏では、重罪人と官奴《かんぬ》を寺院に入れ、仏図戸《ぶっとこ》と呼んで、寺田の耕作や寺院の灑掃《さいそう》（清掃）に充てる制度を設けていた。仏図戸は、奴隷と変わらぬ支配を受け、諸寺の奴婢制成立の基礎となったようである。

また、新羅の興輪寺《こうりんじ》（五四四年竣工）では、寺奴婢制の源流は、武烈《ぶれつ》王（在位六五四〜六六〇）時代の宰相金良図《こんりょうと》が喜捨《きしゃ》した二人の娘の流れと、寺賤《じせん》とされた「逆臣毛尺《もうしゃく》の族類」の二種であるという（『海東高僧伝《かいとうこうそうでん》』巻一、釈法空条）。

しかも、寺奴婢のもっとも重要な仕事は、寺の灑掃、つまりキヨメの仕事とされていたのである。六世紀中葉の『洛陽伽藍記《らくようがらんき》』には、北魏の僧侶が、西域の陀羅寺《だらじ》で二人の奴婢を喜捨して、もって灑掃に供《きよう》し、さらにガンダーラでも雀離浮図《じやくりのふと》にたてまつり、ながく灑掃に充てたと記されている。また、唐の道宣《どうせん》が撰述した『広弘明集《こうぐみようしゆう》』にも、四世紀中葉、前秦《ぜんしん》の苻堅《ふけん》が天竺《てんじく》の僧侶郎《ろう》に、灑掃にそなえるべく「奴子三人」を贈ったと書かれている。中国では、初期寺院（僧侶）への奴婢の喜捨は、崇仏《すうぶつ》の場の清浄を維持するためのキヨメの仕事に充てるためであったといってよい。新羅の大臣が自分の娘二人を、興輪寺に婢として喜捨したのも、同じ目的からであったとみてよいだろう。

日本古代の寺奴婢の場合、日常的でかつ欠かすことのできない仕事が寺の清掃であったことは、『東大寺要録』に記されるとおりである。また、当時の天皇や貴族等もしばしば仏寺へ奴婢を喜捨しているのであるが、その理念上の目的は、奴婢を身がわりとして、仏塔の灑掃に充てることであったと考えられる。『薬師寺旧流記資財帳《やくしじきゆうるきしざいちよう》』（『諸寺縁起集』所収）には、持統《じとう》天皇や聖武《しようむ》天皇らによる同寺への奴婢施入が記録されている。大仏建立で名高い聖武天皇は、法隆寺にも奴を喜捨しているが、その事実を、『法隆寺伽藍縁起《ほうりゆうじがらんえんぎ》并《ならびに》流記資財帳《るきしざいちよう》』は次のように記している。

浄寺奴壱口

右壱口、天平十九年歳次戊寅正月十七日、納賜平城宮御宇天皇者、

この、浄寺奴の浄の意味は、おそらく天皇の身がわりとして寺のキヨメに従事する奴ということであったろう。六世紀前半の梁《りよう》の武帝《ぶてい》は、熱心な仏教信者であり、四回も同泰寺《どうたいじ》に捨身《しやしん》し、一ヵ月以上も三宝の奴隷として仕え、掃除や雑役に従事したといわれている。奴隷となったわけではないが、実際、武帝は箒《ほうき》を手にしたのであり、後世、菩薩太子《ぼさつたいし》とか救世菩薩《ぐぜぼさつ》などと呼ばれたのもうなずけよう。だが、わが聖武天皇の場合は、三宝の奴《やつこ》を自認し、天下万民にたいして、一草一土をもって大仏造営事業に参加せよと呼びかけたわりには、武帝のようにみずから額に汗して奴の苦役《くえき》を体験することはなかったのである。

ところで、灑掃とは、当時の仏寺では、僧尼に課せられる苦使刑《くしけい》の一種でもあった。苦使刑は、僧尼にのみ課せられる罪であり、飲酒・肉食や葱《ねぎ》・蒜《ひる》等の五種の辛味《からみ》のある蔬菜《そさい》を食べると三〇日の苦使を課されることになる。琴・碁以外の音楽や博戯《はくぎ》（博奕《ばくち》）行為をすれば、一〇〇日の苦使刑となった。僧尼令《そうにりよう》には、こうした苦使刑を犯した僧尼には、罰として、写経や仏像の荘厳《しようごん》（美しく飾ること）、仏堂・仏塔の壁塗り、そして灑掃、すなわち散水や掃除の仕事に駆使することを定めている。

つまり、僧尼らにとって、灑掃の仕事は刑罰の一種であり、罪科と結びつくものであったのだ。大王天武《てんむ》が重病におちいった六八六年五月、左右大舎人《おおとねり》等を遣わして、諸寺の堂塔を掃除させたが、このとき、おそらくは徒刑囚《ずけいしゅう》が清掃に充てられたものと推測されている（関口明「古代の清掃と徒刑」『日本歴史』四一二、一九八二年）。令制下では、宮城内の厠《かわや》・溝などの汚穢《おわい》を除去するため、徒刑囚の労役が充てられている。汚穢ないし不浄の観念は、仏教においてもっとも強く発展させられた観念であったらしい。そうした不浄観と、寺奴婢はともすれば結びつけられ、卑賤視されたと考えられる。

『万葉集』に、「香塗《こりぬ》れる　塔にな寄りそ　川隈《かわくま》の　屎鮒《くそぶな》喫《は》める　痛き女奴《めやつこ》」という歌があるが、不浄な婢と対比させることで、仏塔の清浄性が強調されている。この歌は、「香・塔・厠・屎・鮒・奴を詠《よ》む歌」とあり、あらかじめこの六つの語を詠みこむことを目的として作られた戯《ざ》れ歌であり、香・塔の清浄グループにたいし、厠以下婢までの不浄グループが設定されていたのである。寺奴婢ないし奴婢にたいする一定の偏見が、万葉歌人の意識にあったことは、ほぼまちがいないだろう。だが、こうした偏見が、すでに社会的通念にまでなっていたという形跡はなかった。

因果応報説と奴婢

先述の紀寺《きでら》の奴の訴訟の際、審理にあたった文室浄三《ふんや》が、孝謙《こうけん》上皇に上奏した文言のなかに「賤と為《な》り良と為ること、因《いん》有り果《か》有り。浮沈理《ことわり》に任《まか》せ、その報《むく》い必ず応ず」という一節がみえる。良・賤の身分の由来を、宿世《すくせ》の因果《いんが》によるとしているのである。良賤制が施行された後、この仏教の因果応報説《いんがおうほうせつ》は、それなりに、賤身分の合理化に手を貸したことはまちがいなかろう。八世紀初頭までに、日本に伝来していたことの確かな仏典のなかには、「人の奴婢と為るは、負債を償《つぐな》わざるがため。人の卑賤と為るは、三尊《さんぞん》（三法）を礼《うやま》わざるが故《ゆえ》」であり、他人の「財物を偸盗《ちゅうとう》（盗む）する者は、後生《ごしょう》（来世《らいせ》）では、牛馬奴婢としてその宿債《しゅくさい》を償《つぐの》う」（『仏説罪福報応《ぶっせつざいふくほうおう》経《きょう》』）ことになると説くものがみられる。このような負債と偸盗のツミを奴婢の因縁《いんねん》とする経典は、他に『仏説輪転五道罪福報応経《ぶっせつりんてんごどうざいふくほうおうきょう》』があり、この経の名は、正倉院文書の中の、天平初期の写経目録に記されている。

スタインが敦煌《とんこう》で発見した唐代の放良書《ほうりようしょ》（奴隷解放文書）でも、賤身分を負債と結びつける因果思想が見られるので、中国仏教もまた、奴婢支配を合理化する役割を果たしたといえよう。

さて、仏典では、奴婢の由来を前世のツミに因縁づけて説くのであるが、奴婢を不浄・

汚穢と結びつける経典も、わずかであるがみられる。その一つ、『大宝積経《だいほうじゃくきょう》』には、捨身して奴僕《ぬぼく》となった目連《もくれん》が、種々の労役を課されるありさまが描かれているのであるが、まずもって糞尿《ふんにょう》処理の仕事に駆使されたとする点が注目される。この経典には、「奴婢作人不浄物」の文句もみられ、奴婢が不浄と結びつけられていることはまちがいない。この経典の名も、天平期の写経目録にみえる。

このように、良賤制成立期に、わが国へ伝わっていた仏典のなかに、奴婢を罪穢とだけではなく、汚穢や不浄と結びつける思想をもったものがあったことは確実である。おそらくは、それが南都仏教における奴婢差別の理論的根拠とされたにちがいない。なお、漢訳仏典にみられる奴婢・奴僕の大半は、牛馬と並べて資財の扱いをされたり、奴婢を仏に喜捨すれば、解脱《げだつ》（悟りをひらくこと）が得られると説くものである。聖武天皇は、官奴婢を寺に喜捨することで、みずからの悟りをひらこうとしたのかもしれない。

奴婢は出家できたか

仏典では、奴婢は奴隷階級に属し、奴は農耕に従事し、婢は舂穀《しょうこく》の仕事に精をだすことがその「福徳《ふくとく》」であると説かれた（たとえば『十誦律《じゅうじゅりつ》』）。また、主人が奴婢を叩《たた》いたり鞭《むち》うつことを諫《いさ》める文句をふくんだ経典や、在家《ざいけ》信者である優婆塞《うばそく》の戒《かい》を説く『優婆塞戒経《うばそくかいきょう》』のように、奴婢・僮僕《どうぼく》等を打ち罵《ののし》ると、失意罪《しついざい》を得るとするものもみられる。しかし、仏教が奴婢をどのように位置づけていたかを知るうえで、決定的に重要なことは、奴婢を信者として認め、奴婢の出家を認めていたかどうかである。

仏典では、『四分律《しぶんりつ》』『摩訶僧祇律《まかそうぎりつ》』『十誦律』など、僧侶の生活規則を記した律典《りつてん》が奴婢の出家を禁止している。『四分律』は五世紀初めに漢訳された律蔵《りつぞう》であるが、かつて、奴を出家させたところ、奴の所有者とのあいだにトラブルが生じたり、将来、「沙門釈子《しゃもんしゃくし》、尽《ことごと》く是《こ》れ奴の聚《あつまり》」という事態になることを危惧《きぐ》して、仏が今後の奴婢出家を禁じたと述べている。同時期に法顕《ほっけん》らが漢訳した『摩訶僧祇律』では、奴の場合、主人が放賤従良《ほうせんじゅうりょう》したものでなければ出家させてはならぬとし、諸比丘《びく》（出家して具足戒《ぐそくかい》をうけた男子の修行者）がこれを犯せば、仏により罪に問われるとする。『十誦律』も同様である。『僧祇律』には、奴を出家させる諸比丘と、これによって打撃をうけた奴の主人らが、奴婢出家を禁止するよう仏に懇願するありさまが描かれている。これにより、奴婢出家の禁止は、奴隷主らの要求によるものであったらしいことがわかる。

ところが、五、六世紀の中国で撰述されたいわゆる偽経《ぎきょう》のなかには、『梵網経《ぼんもうきょう》』『菩薩瓔珞本業経《ぼさつようらくほんごうきょう》』などのように、奴婢の出家を許しているものがある。『梵網経』では、黄門《こうもん》

(宦官《かんがん》)や奴婢も、「法師の語」を解するならば、ことごとく受戒《じゆかい》が認められ、「第一清浄者」となれるとし、僧侶の世界では、俗界での身分階級に関係なく、出家の順に席次《せきじ》につくのだともいう。

律蔵が原則として禁じている奴婢出家を、中国で書かれた『梵網経』などが容認しているのには、次のような事情があった。実は、五世紀の北魏では、すでに奴婢の出家がおこなわれており、これが禁止されたのは五一三年(延昌《えんしよう》二)のことである(『魏書《ぎしよ》』釈老志《しやくろうし》十)。国家権力が奴婢出家を禁止する以前においては、律蔵が禁止しているにもかかわらず、現実に奴婢を得度《とくど》(出家して僧となること)させ、弟子とする僧尼が存在したのである。

六世紀に入って、国家権力が奴婢出家を禁止するのは、私的に得度《とくど》して僧尼となること(私度僧《しどそう》という)を厳禁し、僧侶の質を維持するためであったといわれている。だが、その背景には、奴隷主の損害を防止するという階級的要求が存在したとみてよかろう。

『白氏六帖事類集《はくしりくちようじるいしゆう》』に引かれた唐の七三七年(開元二十五)格《きやく》逸文によれば、唐代においても、部曲《ぶきよく》・客女《きやくじよ》・奴婢の出家は原則として禁じられていたことがわかる。ただ、特例として、王侯らの逝去《せいきよ》の際に、別勅《べつちよく》によって奴に得度を許し、もって奴主の冥福《めいふく》のために、その専属の僧とすることがあった。古代朝鮮の場合は、『三国遺事《さんごくいじ》』に記される仏教説話から、「家奴」の受戒が認められることもあり、統一新羅の浄土教《じょうどきょう》では、婢にも仏弟子《ぶつでし》として、西方《さいほう》浄土に往生できる資格を与えていたらしいことが推察される。

これらにたいして、日本の場合、南都仏教は厳しく奴婢出家を拒否しており、律令国家も奴婢の受戒を認めてはいなかった。ただし、唐の場合と同様に、天皇の特例によって奴にも出家を認めることがあったかもしれない。

『行基年譜《ぎょうきねんぷ》』には、七二一年（養老五）五月に、和泉《いずみ》国蜂田寺《はちたでら》の奴が得度を許されたとみえる。これは元明太上天皇《げんめいたいじょうてんのう》の快癒《かいゆ》を祈るため、「浄行の男女一百人」を選んで入道《にゅうどう》させ、元来、得度の資格をもたないものでも、修行により得度を許すとする詔勅に基づくものであった。だが、『行基年譜』は史料としてはかなり問題があり、この蜂田寺の奴の得度を疑問とする見解もある（二葉憲香『古代仏教思想史研究』永田文昌堂、一九六二年）。筆者も、以前は特例による奴婢出家の例と推測したのであるが、おそらく従良されて後に得度を許されたものとみたほうがよいと思われる。先述のように、寺奴婢が爵位をうける場合、解放されたうえで受爵《じゅしゃく》したと考えられるからである。

『梵網経』の菩薩戒《ぼさつかい》により、奴婢出家を認める発言をするのは、天台《てんだい》の最澄《さいちょう》が最初であった。梁《りょう》代の中国では、奴隷出身の高僧が現われたが、わが国ではそうした例は皆無である。奴婢出家の視点からみたとき、中国などにくらべて、南都仏教はより奴婢差別の度合いが強かったと思われるのである。

道教思想と奴婢差別

初期道経の奴婢観

道教《どうきょう》については、仏教のように公伝《こうでん》の記録がみえず、道教の僧侶である道師《どうし》（道士）が渡ってきたという記録もみえない。だが、近年の研究では、日本古代の「神道《しんとう》」が世界宗教である道教の日本的形態であり、すでに述べたとおり、それは、天武—持統朝における律令天皇制の理論的根拠となったことや、その後の日本文化に大きな影響を与えたことが明らかにされつつある。道教の公伝記事が国史にみえないのは、道教が神仙説をはじめとして、道家《どうか》の哲学・易・陰陽《いんよう》五行《ごぎょう》思想《しそう》・讖緯《しんい》説《せつ》（未来を予言する学）・占卜《せんぼく》・占星術《せんせいじゅつ》・天文・本草学《ほんぞうがく》・経絡《けいらく》、さらには巫祝《ふしゅく》の呪術《じゅじゅつ》や古くからの雑多な民間信仰を多く取り込み、のちに仏教の体裁にならい宗教的体制となったものであること、つまりは道教の宗教的性格によるものであろう。仏典ほどではないが、留学生等により、かなりの道経《どうきょう》が将来《しょうらい》されており、その一端は九世紀末に撰述された『日本国見在書目録《にほんこくげんざいしょもくろく》』にみえる。

すでにみたように、奴婢身分は、道教起源の大祓《おおはらえ》神事《しんじ》や呪術と無関係ではなかった。仏教とともに、道教もまた、卑賤観と差別を助長したことはまちがいない。ただ、初期道教の経典にみるかぎり、仏典にくらべてかなり人間的に奴婢をみていると思われる。

道教の理念型を知るうえで必須文献の一つとされている東晋《とうしん》の葛洪《かっこう》の『抱朴子《ほうぼくし》』(三一七年成立)では、『玉鈐経《ぎょくけんきょう》』(当時の仙書《せんしょ》)を引いて、人の吉凶《きっきょう》は受胎受気《じゅたいじゅき》の日に定まるのであり、聖《ひじり》の宿《しゅく》にあえる者は聖、賤の宿にあえる者は賤となると記している。ようするに、葛洪は宿命論でもって賤身分を説明するにすぎず、彼には穢《けが》れや不浄観と賤人《せんじん》を結びつける思想はなかったといってよい。ちなみに、『万葉集』にみえる山上憶良《やまのうえのおくら》の「沈痾《ちんあ》自哀《じあい》の文」に、『抱朴子』のなかの名医や葛洪の名がでてくる。

最初の道教経典とされる『太平経《たいへいきょう》』(後漢末ごろ成立)には、信仰のうえでは、神人《しんじん》から奴・婢まで平等であると説かれている。また、北魏《ほくぎ》の新天師道《しんてんしどう》の天師寇謙之《てんしこうけんし》の天啓《てんけい》の書《しょ》といわれている『老君音誦誡経《ろうくんおんじゅかいきょう》』(五世紀前半)では、道官《どうかん》・祭酒《さいしゅ》ら教団の聖職者が奴婢を非人間的に扱うことを厳しく戒《いまし》めている。

初期道経には、『太上洞玄霊宝業報因縁経《たいじょうどうげんれいほうごうほういんねんきょう》』（五三〇〜五四〇年代）や『洞玄霊宝三洞奉道科戒営始《どうげんれいほうさんどうほうどうかかいえいし》』（隋朝〜初唐ごろの成立）のように、奴婢を不信心《ふしんじん》と三宝《さんぼう》の財物を盗むツミなどと因縁《いんねん》づけるものはあるが、汚穢《おわい》などのケガレと結びつけるものは、管見のかぎりみられない。道教では、ケガレを忌《い》む傾向が強く、たとえば、『太上太玄女青三元品誡抜罪妙経《たいじょうたいげんじょせいさんげんほんかいばつざいみょうきょう》』（六世紀初頭）では、弟子たちの触穢《しょくえ》や三宝を穢汚《けが》すことはツミとされている。このように、一方で汚穢・触穢を忌避《きひ》し、他方、奴婢も信心しだいで仙品《せんぼん》に入ることができるとしているのであるから、初期道経では、論理的にも奴婢を不浄な存在とは考えていなかったことになろう。こうした道教の奴婢観ないしケガレ観は、奴婢を罪穢とのみ結びつける良賤制成立期のわが国の観念形態と、ほぼ一致するといってよい。

道教の思想が、奴婢の差別にかかわっていることを示す、具体的な事例をあげてみよう。

賤院の位置

図6は、『薬師寺縁起《やくしじえんぎ》』に引かれている『天平及宝亀年中注録寺家流記』に基づいて復原された奈良の薬師寺の伽藍《がらん》配置と占地《せんち》のありかたを示すものである（大岡実『南都七大寺の研究』中央公論美術出版、一九六六年）。寺地の東北隅《すみ》にみえる「賤院《せんいん》」は、寺奴婢の

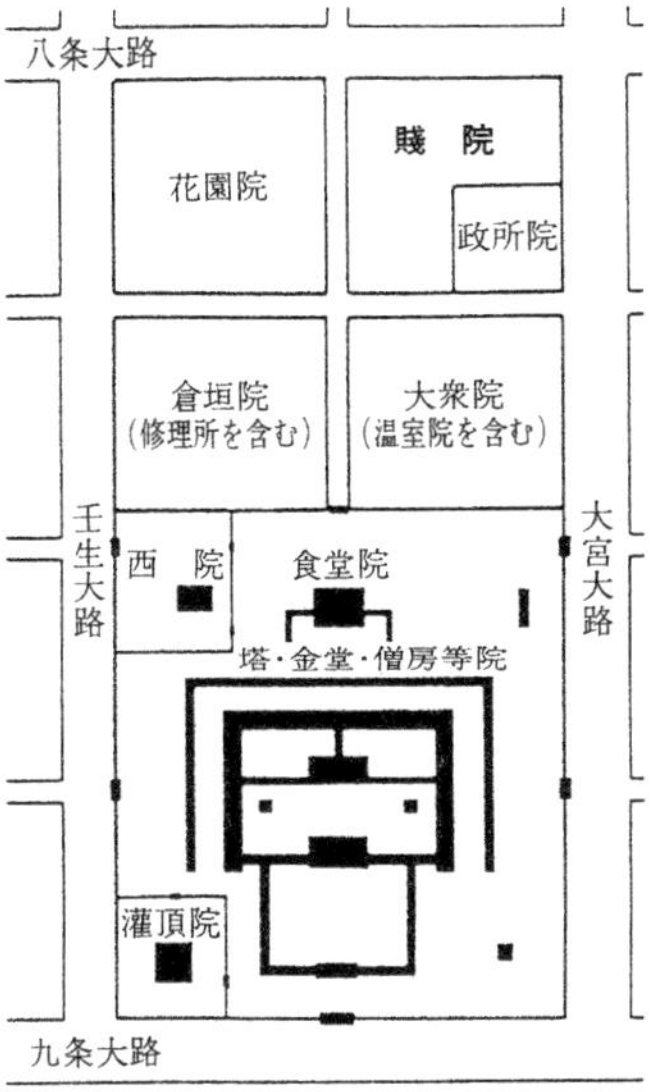

図7　東寺伽藍復原図（「洛南高等学校新築体育館用地埋蔵文化財調査報告」より）

図6　薬師寺占地復原図（大岡実『南都七大寺の研究』より）

住居に充てられた部分である。二坪分の敷地が充てられているが、これは二町《ちょう》、つまり道路幅をふくめれば一三五×二七〇《メートル》という広大な面積である。七一八年（養老二）、平城京右京六条二坊に与えられた薬師寺の伽藍総面積は、東西三町、南北四町であり、その六分の一にあたる。『薬師寺《やくしじ》旧流記《きゅうるき》資財帳《しざいちょう》』逸文によれば、持統女帝の施入奴婢一〇三人・伊賀比売《いがひめ》朝臣の施入奴婢九人・七四九年（天平勝宝元）に、官が諸国から買い上げてその一部を施入したもの三六人・聖武天皇が喜捨《きしゃ》した奴婢三人・寺が買得した奴婢二一人の合計一七二人の奴婢を寺産として記載している。平城移転当時は、少なくとも二〇〇人前後に増大していたのではないかと思われるが、二町のスペースに、荘厳な伽藍とは対照的に、粗末で小さな長屋風の奴婢用住居が建てられていたのであろう。

七四七年（天平十九）の『大安寺《だいあんじ》伽藍《がらん》縁起《えんぎ》并《ならびに》流記《るき》資財帳《しざいちょう》』によれば、左京六条四坊に一五坊の敷地を有した大安寺にも、その東北角地《かどち》に、一・五坊（一・五町）の賤院が設けられていたことがわかる。また、平城遷都《せんと》の直後に、藤原不比等《ふひと》によって左京三条七坊（外《げ》京《きょう》）に建立された興福寺《こうふくじ》（山階寺《やましなでら》）も、『山階流記《やましなるき》』『興福寺流記《こうふくじるき》』等によれば、東門を「奴婢門」と名付け、その「前四町は、奴婢を住まわしめ、寺役《じえき》に勤仕《ごんじ》せしむ」とあるので、天平期に寺地としてつけ加えられた東松原二七町（春日野《かすがの》）につながる東北地に、賤院があったと推定される。興福寺の所有奴婢の規模は不明であるが、『続日本紀《しょくにほんぎ》』七六七年（神護景雲元）二月戊子条に、称徳《しょうとく》女帝が行幸した際、林邑《りんゆう》の楽《がく》（ベトナム南部の国の音楽）と呉《くれ》の楽（伎楽《ぎがく》）が演奏され、おそらくそれに携わったと思われる寺奴婢五人が放免、賜爵《しやく》されたことがみえる。藤原氏の氏寺《うじでら》から官寺に発展した寺院でもあり、四町という最大規模の賤院スペースがあったことからも、数百人の寺奴婢がいたものと考えられる。薬師寺・大安寺とくらべて創立の新しい興福寺の場合、同じく東北の部分でも、主要伽藍のある寺域の外側に賤院が置かれるようになっていることに注意すべきである。

当時、諸国に建てられた、国分寺《こくぶんじ》・国分尼寺《こくぶんにじ》の占地においても、上総《かずさ》国の国分尼寺跡の発掘調査の結果よりみて、やはり、東北隅地に賤院が配置されていたと考えられ、寺賤を有する寺院ではおおむねこうした配置をしていたとしてよかろう。なお、平安京内の寺院については、賤院の所在を確かめうる記録はないが、都の正面にある羅城門《らじょうもん》の東に建てられた東寺《とうじ》（教王護国寺《きょうおうごこくじ》）でも、近年の発掘の結果、主要な伽藍配置が奈良時代の諸大寺と共通する部分が少なくないことから、東西二町、南北四町、計八町の地域のうち、八条大路《おおじ》に面した東北角の一町分に、賤院と政所院《まんどころいん》がおかれていたと推定されている（図7参照）。

寺奴婢《じぬひ》ばかりではなく、官奴婢《かんぬひ》もまた、宮殿敷地内の東北角に、その配属官司を配置されていたと思われる。

鬼門と奴婢

藤原宮《ふじわらきゅう》では、官奴司《かんぬし》の位置は、官奴婢関係木簡の出土状況から、宮殿の東北にあたる東面北門付近に比定《ひてい》されている（鬼頭清明『古代木簡の基礎的研究』塙書房、一九九三年）。官奴司は、官戸《かんこ》・官奴婢の名籍《みょうじゃく》と口分田《くぶんでん》の管理および労働編成をおこなう宮内省管下の官司である。平城宮《へいじょうきゅう》の場合も、官奴婢関係木簡の大半が、宮殿東張《は》り出し部の東院・東方官衙近辺および第二次内裏《だいり》東北隅から出土しており、やはり、官奴司は宮殿中心からみて、東北の方位に配置されたのではないかと考えられる。官奴司は八〇八年（大同三）の行政改革で、主殿寮《しゅでんりょう》に併合されるが、陽明文庫《ようめいぶんこ》所蔵の平安宮大内裏《へいあんきゅうだいだいり》図《ず》をみると、宮の東北角に茶園があり、そのすぐ西側に主殿寮が配置されている。『延喜式《えんぎしき》』によれば、この主殿寮には、解放された官戸・官奴婢である今良《ごんろう》三六七人が配属されていた。

このように、律令国家は、一貫して官賤《かんせん》や準官賤身分といってよい今良を、宮殿の東北角に置いていたと思われるのである。寺賤《じせん》の場合も、藤原宮の例から推測するに、薬師寺（本薬師寺）・大官大寺《だいかんたいじ》（後の大安寺）などの賤院は、藤原京時代から東北隅に配置されていたと考えられる。では、何故に寺賤・官賤等は、東北の方位に置かれたのか。

それは、道教に組みこまれた陰陽五行思想の一つである鬼門《きもん》の説によって、奴婢が差別された姿を示すものではないかと考える。鬼門は、二八宿の一つ鬼宿《きしゅく》のある方位＝艮《こん》（うしとら）をいう。中国では、紀元前六世紀の『山海経《せんがいきょう》』にすでにみえる思想であり、道教の経典にもしばしばでてくるものである。たとえば、『洞真上清開天三図七星移度経《どうしんじょうせいかいてんさんずしちせいいどきょう》』に、死者の隷属する世界である「羅酆山《らほうざん》は、北方　癸《みずのと》の地に在《あ》り。故《ゆえ》に東北を鬼尸死炁《きししき》の根《こん》と為《な》す」と記す。東北の方位は、鬼《き》（死者・死霊）・尸《し》（しかばね）・死炁《しき》（死気《しき》）などの宿る忌《い》むべき方位とみなされていたのである。

平安時代には、平安京の東北の地にある比叡山《ひえいざん》の四明岳《しめいだけ》が、「皇都＝仙《せん》の世界」にたいする「四明岳《しめいだけ》＝鬼の住む山」として設定され、王都を鎮護《ちんご》する役割を果たしたとされている（福永光司『道教と日本文化』人文書院、一九八二年）。鎌倉幕府も、鬼門の方位に五大堂《ごだいどう》を建てたし、徳川幕府は、上野《うえの》の東叡山《とうえいざん》を鬼門の守りとしたことは、よく知られている。おそらく、外京《げきょう》に接してその東北部に創建された東大寺は、平城京の鬼門の守りであったと思われる。

現在でも、まだ、京都の町屋《まちや》や、奈良県下の囲造《かこいづく》り住居などでは、建物・敷地の東北角を、「隅切《すみき》り」して厄除《やくよ》けをしているものがみられる。鬼門の思想は、『日本書紀』六七八年（天武七）十二月己卯条に、筑紫《つくし》大地震を予知する「臘子鳥《あとり》」（北方からくる渡り鳥）が、天を蔽《おお》うようにして西南の隅から東北の方角に飛び立ったと記すことから、七世紀後半ごろには、遅くとも伝わっていたろう。

良賤制の施行当初から、寺賤・官賤とされた人びとが、鬼ないし死者とかかわる方位にその住居や配属先官司を置かれていたことは、決して偶然ではなかろう。当時の支配層による意図的な配置であったとみるべきでなかろうか。こうした鬼門の方位と奴婢を結びつける偏見は、管見のかぎり、古代の中国や朝鮮にはまったくみられないのである。

奴婢はどのような役割を果たしたか

天皇と官奴婢

官奴婢の呼称

律令賤身分の中核は、量的にも質的にも奴婢身分であったが、その奴婢のうちでも、官奴婢は、もっとも鋭く、わが国古代の賤身分の特質を象徴する存在であった。古代中国のように、数万人ないし時には数十万人の官奴婢が存在したのにくらべて、日本の場合、官奴婢制の最盛期であった七世紀末から八世紀中ごろすぎでも、諸官司等で駆使されたものは、おそらく一〇〇〇人前後ではなかったかと推測される。もっとも、官奴婢は、官司に配属されて使役されたものばかりではなく、親王・内親王をはじめとする王子らの宮や邸宅にも配属されていたらしい。後述するように、平城左京三条二坊の長屋王《ながやおう》邸宅跡から出土した木簡の削り屑に、「今奴婢《ごんぬひ》」の語を記すものがあ

嶋宮奴伊麻呂の従良を伝える太政官符

太政官符　宮内省
嶋宮奴伊麻呂年卌八
右、被大納言従二位藤原朝臣仲麻呂今月廿六日宣偁、奉　勅、件伊麻呂免奴従良、便即令為五十戸政者、省宜承知、依　勅施行、今以状下、符到奉行
従五位上守右中弁兼侍従勲十二等安倍朝臣嶋麻呂
正七位下守右少史百済君水通
天平勝宝二年二月廿六日

るが、実はこれは官奴婢の一部をさす名称なのである。

官奴婢には、令制以前からの朝廷（皇室）所有奴隷の系譜をひくものと、天武―持統朝以降に、没官ないし貢献などによって新たに官奴婢とされたものとがあった。前者は、皇室の家産的色彩の強い奴婢であり、かつては特定の皇子などの宮殿や天皇の離宮などに、専属させられていたものである。これには、たとえば、嶋宮奴婢《しまのみやぬひ》や常奴婢《じょうぬひ》と呼ばれるものがあった。

嶋宮奴婢は、天武朝の離宮であり、皇太子草壁《くさかべ》の宮殿でもあったとされる大和国高市郡《やまとたけち》の嶋宮に配属されていた皇室奴隷を淵源《えんげん》とするものである。

常奴婢は、藤原京時代以前にさかのぼる奴婢であり、大和国内の広瀬村《ひろせ》・春日村《かすが》・奄知《あむち》村・飽浪《あくなみ》村等に住み、令制下では官奴司の差配で、藤原宮・平城宮などへ上番《じょうばん》し、諸官司で駆使されたものである。かつては、これらの地域に存在した春日離宮《かすがりきゅう》・飽浪宮・百済《くだらの》宮《みや》ないし広瀬行宮《ひろせのあんぐう》などの宮殿や、その他の皇室関係施設に配属されていた奴隷であったと考えられる。

このような淵源の古い常奴婢にたいし、藤原京ないし平城京成立以後に、官奴婢身分とされたものが、今奴婢である。彼らは、宮殿の東北隅に住居があり、官司に日常的に勤仕したものと思われ、通常はやはり宮殿の東北部におかれていた官奴司《かんぬし》に差配されていたと考えられる。今回、吉備《きび》内親王も同居していたと推定される長屋王邸宅で、官奴婢である今奴婢が駆使されていたことがわかり、平城宮周辺に住む他の天皇近親者のもとにも、官奴婢が配属されていた可能性が高くなった。したがって、官奴婢の総数は、もう少し多く見積もる必要があろう。また、宮中には、皇后宮職奴婢《こうごうぐうしきぬひ》（紫微中台奴婢《しびちゅうだいぬひ》ともいう）・中宮《ちゅうぐう》職奴婢《しきぬひ》などと呼ばれるものがいた。これは、藤原氏出身の皇后（光明子《こうみょうし》）や中宮（宮子《みやこ》）等に、藤氏《とうし》から付された奴婢であるが、その解放は天皇によっておこなわれていることから、事実上、官奴婢に準ずるものと考えられていたらしい。これらもふくめて、官奴婢の員数は、最盛期には一〇〇〇人を超えたとみてよかろう。先述の元興寺《がんごうじ》にくらべれば、それより低いが、それでも当時のわが国では、屈指《くっし》の奴婢所有を実現していたことはまちがいない。それにしても、中国にくらべれば、微々《びび》たる数である。官奴婢労働力の経済的意義は、確かにそれほど高くはなかったろう。

律令国家は、その必要とする労働力を、民間から制度的に仕丁《しちょう》として吸いあげ、技術労働者については、品部《しなべ》・雑戸《ざっこ》として定額化し、宮廷工房に上番させたり、製品を納めさせる体制を有していた。また、諸国から兵士の一部を上京させ、衛士《えじ》として勤仕させた。では、官奴婢はどのような仕事に充てられたのか。また、彼らの労働には、どのような意味があったのだろうか。

官奴婢の仕事

唐代の官奴婢は、主として没官《ぼっかん》によるものであった。一五歳以上の奴は、城奴《じょうぬ》として遠方の城塞《じょうさい》に配され、そこでの労働に従事し、その他のものは、才能があれば、婢は内侍省《ないじしょう》掖庭局《えきていきょく》に、技芸のある奴はその技能を生かせる官司にそれぞれ配属され、残りの奴婢は司農寺《しのうじ》という官司に隷属することが法で定められていた(『唐六典《とうりくてん》』巻六、都官郎中員外郎条)。司農寺に配属された官奴婢は、奴は「蔬圃《そほ》」(野菜ばたけ)に入れ、婢は「厨饎《ちゅうし》」(くりや)に入れられ、果樹・蔬菜《そさい》の栽培の仕事や、炊事等をはじめとするさまざまな雑役に充てられた。日本の場合は、城奴に該当するものは規定になく、ただ、謀反《むほん》等の罪に連坐《れんざ》して没官された奴婢は、内廷《ないてい》近辺での仕事からは遠ざけられていた。

正規の官奴婢は官奴司の管轄下におかれたが、嶋宮奴婢・常奴婢・今奴婢では、労役内容が少しずつ異なっていた。嶋宮奴婢の場合は、もっとも皇室の家産的要素が強く、かつては、同宮殿とそれをとりまく広大な禁野《きんや》での雑役および付属の「御田《みた》」での耕作の補助的労働に充てられたと考えられる。後述する長屋王家の奴婢に近い労働内容であったと思われる。そして、草壁皇子の没後も、旧飛鳥京《あすかきょう》の皇室関係施設の維持のため、そのまま同宮殿にとどめられ、付属の「御田」その他の日常的な管理と、生産物の運搬などに使役されたと考えられる。しかし、八世紀中ごろ、東大寺にそっくり施入されることになる。その年、七五〇年（天平勝宝二）には、嶋宮奴婢は八三人であった。嶋宮奴婢には、官より食料が支給されており、官奴婢口分田《くぶんでん》の支給対象からは、はずされていたようである。「御田」は雑徭《ぞうよう》を差発して経営されたから、彼らは、農耕からは基本的にはずされていたとしてよい。

諸村に居住する常奴婢も、かつては、嶋宮奴婢のように、宮殿専属奴隷として家内雑役労働に充てられてきたが、令制下では、配属先が宮殿としての機能をなくしたこともあって、おそらくは、その地の近くに官奴婢口分田を支給され、日常的には耕作に従事しつつ、番ごとに、藤原宮あるいは平城宮に上番し、炊事や染色その他の雑役に駆使されたとみてよいだろう。なお、藤原宮木簡から、斎宮奴婢《いつきのみやぬひ》の存在が確認できるので、伊勢の斎宮《さいぐう》に赴く斎王の専属奴婢とされたものもいたことになる。おそらくは、常婢の内からとられたものであろう。八世紀中ごろには、逃亡奴婢も多くでており、嶋宮奴婢と同様に、七五〇年に東大寺に施入されている。この年、常奴婢の員数は、四ヵ村合わせて三一人だが、婢が九人と少なく、これが常奴婢の総数であったかどうかは不明である。藤原宮木簡では、常奴より常婢の名が多くみえるので、あるいは、婢の一部は、斎宮や平城宮等にそのまま配属されたとも考えられる。

次に、今奴婢は、内染司《ないぜんし》での染色・内薬司《ないやくし》側の別院での女医・内匠寮《たくみりょう》での雑工の補助労働と玉磨きの仕事・縫殿寮《ぬいどのりょう》での裁縫・主殿寮《しゅでんりょう》での「火炬《ひたき》」「御井守《いもり》」「薪《たきぎ》とり」や物資の運搬・竪子所《じゅしどころ》での雑役労働・宮中での食料（米など）の運搬など、主として内廷的諸官司での労役に充てられた。内匠寮に配属されたものは、官奴婢とされたときに、「工能《こうのう》」があると認定されたものであり、彼らはとくに内匠寮今奴婢《たくみりょうのごんぬひ》と呼ばれ、一般の今奴婢とは区別されていた。そのひとりであろうか、七四三年（天平十五）に、金剛砂《こんごうさ》で玉を磨く技術に長《た》けていた官奴が解放されている。なかには、天皇から「勅名《ちょくめい》」を賜った婢もいた。二四歳の泉女が「勅名伊豆女」を、二八歳の真刀自女が「勅名今刀自女」をそれぞれ賜っているのである（天平勝宝二年二月二四日付官奴司解）。ときには、天皇の近くに供奉《ぐぶ》する今婢もいたことになる。彼らは、必要に応じて、宮殿の外での仕事にも駆り出されたことがあったらしいが、基本的には宮内での仕事にたずさわったとみてよい。それと、先述のように、平城宮外の皇子・皇女等の宮に配属されたものがいたのである。このような勤仕する場所と形態からみて、官奴婢口分田を耕作することはなかったのではないかと思われる。もっとも、今奴婢が農業とまったく切れていたというわけではない。藤原宮時代には、今奴婢の先駆と思われる官奴が、「菜採司」に配属されていた。蔬菜の栽培やその採取、運搬の仕事は、官奴婢の職掌の内であったろう。今奴婢の場合も、食料は官より支給されていた。官奴婢のなかから、彼らを末端でたばねる「奴長」が任命されていたらしく、平城宮木簡に「奴長」と記した削り屑が出土している（『平城宮発掘調査出土木簡概報㈨』）。

今奴婢も、七五〇年に、八六人が東大寺へ施入されている。これは、今奴婢の一部分であって総数ではないだろう。七五〇年の東大寺への官奴婢の総施入数は、二〇〇人であった。この施入は、造営途上の東大寺における造寺・造仏事業の補助労働力とするために、聖武《しょうむ》上皇がおこなったものである。これによって、彼の崇仏《すうぶつ》が満天下に示されることになり、大仏造営事業の推進に拍車をかけることになったにちがいない。

皇后宮職奴婢や中宮職奴婢の場合は、それぞれの配属先で雑役に駆使されたのと、皇后・中宮の行幸に供奉したり、同職管轄下の写経所・造仏所等での炊事・洗濯・運搬の仕事や、「銅鉄漆工奴《どうてつしっこうぬ》」などとして駆使された。

上述のように官奴婢の労働は、基本的には家内奴隷としての非生産的労働が主であったから、経済的な意味での価値はそれほどたかくはなかった。だが、官奴婢の役割は、そうした経済的な使用価値よりも別のところにあったと考えられる。

天皇の儀式と官奴婢

それは、年間を通しておこなわれる、天皇の儀式のなかで、彼らが客観的に果たした役割のことである。律令国家は、元旦におこなわれる朝賀《ちょうが》の儀式から、十二月晦日《みそか》の追儺《ついな》（大儺《たいな》）行事まで、さまざまな儀式・祭礼を挙行し、天皇の統治権と聖性を顕示《けんじ》した。このような天皇儀礼の場にも、官奴婢が供奉していた形跡がある。

官奴婢が儀式に参加したことをしめすデータはわずかであるが、『延喜式《えんぎしき》』には、①正月七日節会《せちえ》（白馬節会《あおうま》）、②五月五日節会（騎射《うまゆみ》・菖蒲節《しょうぶのせち》＝端午《たんご》節会）、③六月・十二月神今食《かむいまけ》、④十一月新嘗祭《にいなめまつり》、⑤六月・十二月晦日大儺（追儺）などの行事に供奉した今良《ごんろう》への給料・装束料等が規定されている。

今良は七六一年、官戸・官奴婢の「解放」されたものに付与された準官賤的な身分呼称である。旧官奴婢だが、以前とほとんど変わらない職掌を有し、十世紀にも、主殿寮に三六七人・斎宮寮《さいぐうりょう》八人・斎院司《さいいんし》二人・皇后宮《こうごうぐう》一五人・縫殿寮二四人・織部司《おりべし》三〇人が定額化されていた。

このうち、儀式とかかわったのは、主として主殿寮と皇后宮の今良であった。主殿寮には、八〇八年から官奴司が併合されていたから、同寮専属の今良は、かつての官奴司直属の官奴婢の系譜をひくものであったにちがいない。皇后宮の今良は、旧皇后宮職奴婢の筋につながるものである。今良が、平城宮内でも駆使されていたことは、平城宮木簡に「今□［良カ］」（『平城宮木簡』二、二七〇八番）と記すものがあることからも、まちがいない。

これらの儀式が年中行事化され、完成された形で恒常的におこなわれるようになるのは、主として平安以降のことであるが、その前身にあたる行事は、すでに八世紀にも実施されていたようである。

①の白馬節会《あおうまのせちえ》というのは、天皇が豊楽院《ぶらくいん》ないし紫宸殿《ししんでん》で、「あおうま」を御覧になる儀式である。『礼記《らいき》』に、青は青陽《せいよう》、つまり春を指し、馬は陽の獣であるから、この日に青馬を見れば、年中の邪気《じゃき》を避けることができるとあり、これが伝わったものである。日本では、白馬《しろうま》を神聖視したので、後に白馬節会と表記されるようになるが、口語では「あおうま」といった。青馬御覧《あおうまぎょらん》がはじまった時期については、平安初期ごろとする説が有力のようであるが、『万葉集』巻二〇に、大伴家持《おおとものやかもち》作の「水鳥の鴨羽《かもは》の色の青馬を　今日見る

人は限りなしといふ」に、すでにうたわれている。この歌は七五八年（天平宝字二）にうたわれたものである。

正月七日節会は、群臣への賜宴《しえん》、つまり饗宴《きょうえん》と、兵部省《ひょうぶしょう》による御弓奏・青馬の御覧（ないし初期には五位以上による貢馬儀礼《こうば》）および叙位から成るが、賜宴については、持統朝にさかのぼるとみられている。八世紀前半ごろには、青馬節会の前身となる儀式がおこなわれていた可能性が強い。『延喜式』の内蔵寮《くらりょう》式に、儛人《ぶじん》・音声人《おんせいじん》とともに今良にも「冠三条・巾子《きんし》三口」などの装束を内教坊《ないきょうぼう》充てに下すべく規定がみられるので、饗宴のあいだになされた国栖《くず》の奏《そう》や大歌《おおうた》などにつづいておこなわれる、内教坊の女楽《にょがく》演奏・奏舞《そうぶ》の際に、今良女《ごんろうめ》三人が、おそらくは舞妓《ぶき》らの介添《かいぞ》え人として勤仕したのではなかったかと思われる。もっとも、こうした国家儀礼の際の音楽や舞踊は、先述のように中国では、賤身分の楽戸《がくこ》や太常音声人《たいじょうおんせいじん》がつとめた。山階寺《やましなでら》（興福寺）や東大寺など、当時の大寺院では、寺奴婢に歌舞・音楽を伝習させ、仏事の際に演奏させていたのであるから、今良女もあるいは舞台上で簡単な楽器を扱ったのかもしれない。八世紀中ごろすぎまでは、この役割は、今良女の前身である官戸婢ないし官婢が果たしたものと考えられる。

官奴婢を排除した儀礼

ところで、この正月七日節会は、天皇がただ青馬を御覧になって、邪気を祓《はら》うためだけの行事ではなかった。およそ、国家の儀礼というものは、必ず為政者《いせいしゃ》の政治的な目的意識のもとで実施されるのである。

正月七日節会の原型は、年頭にあたって、諸臣諸国からの天皇への弓馬の献上という形式において、天皇の軍事大権を顕示し、かつ、臣下がこれに服従することを可視的《かしてき》に表明するという意義をになったものであったと考えられる。この七日節には、「蕃客《ばんきゃく》」や「夷《い》狄《てき》」も参列したという（大日方克己『古代国家と年中行事』吉川弘文館、一九九三年）。つまり、この七日節会は、親王から奴婢にいたる国家の全階級と、「皇化《こうか》を慕う」蕃国からの使者や服属を誓った「蝦夷」がふくみこまれており、この儀式をつうじて、天皇の統治権が、あまねく蝦夷地や海外にまで広がっているという、皇国意識を醸成《じょうせい》しようとするものであった。

　これにたいして、元旦におこなわれる朝賀（朝拝《ちょうはい》）の儀式では、「夷狄」も奴婢もまったく排除され、中央では大極殿《だいごくでん》の高御座《たかみくら》に向かって、地方では国衙《こくが》政庁《せいちょう》において、郡司以上の全官人が神にたいする作法と同じやりかたで、天皇に（ないし皇都の方角に向かって）拝礼するのである。まさに、朝賀の儀は、先述の礼的《れいてき》秩序の内部の人間集団に限定された儀礼であった。それは、良人《りょうじん》共同体ともいうべき擬制《ぎせい》的共同体が律令国家の基盤であることを明示し、その上に超越する至高《しこう》の君《きみ》としての天皇が、この秩序の根源であることを可視的に表現する行事であった。そして、ここでは、夷狄と同様に、官奴婢（賤身分）は、儀式に姿を見せぬことに意味があったのではないかと思われる。良賤制とのかかわりでいえば、朝賀は官奴婢を排除することで、良賤の身分秩序を明確にし、そのうえで、官人世界における上下関係を、高御座に御す天皇への距離、つまり儀式の席次《せきじ》によって可視的に明らかにする意味があったのではなかろうか。

年頭に配置された二つの儀礼は、一つは、擬制的な良人共同体を顕示するものであり、一つは、天皇を盟主とする擬制的な小帝国構造を表現したものであった。前者において、奴婢（今良）が排除され、後者では儀式に姿を現わすのは、ともにしかるべき理由があったのである。

五月五日の節会

②の二つの行事、騎射節《うまゆみのせち》と菖蒲節《しょうぶのせち》は、七世紀末ないし八世紀初頭にさかのぼるので、当時は官奴が勤仕したことはまちがいない。

延喜春宮坊式《とうぐうぼうしき》には、騎射節に請《こ》う主殿署《しゅでんしょ》今良の当色料《とうじきりょう》の規定がみえるが、今良の具体的役割は記されていない。主殿署はミコノミヤノトノモノツカサ（『倭名類聚抄《わみょうるいじゅうしょう》』）であり、灑掃《さいそう》や設営のことなどをつかさどる官司であるから、式場での春宮《とうぐう》の座の設営ないし清掃に従事したものであろうか。騎射節は「うまゆみ」と呼ばれる行事で、衛府《えふ》の武官が馬を走らせ、的を弓で射るのを天皇が御覧になるものである。本来、五月五日の節会の一部であって、この日、群臣は皆、辟邪《へきじゃ》のための「菖蒲鬘《しょうぶかずら》」を冠に着けて参集することになっていた。

一方、五月五日節に供奉する主殿寮の今良については、主殿寮式の掃治《そうじ》条に「水を洒《そそ》ぐ今良男十六人」と明記され、装束料と「持麻笥《おけ》八口・杓《しゃく》八柄《へい》」が規定されている。菖蒲節では、中務省と宮内省から菖蒲机が献上され、内薬司と典薬寮《てんやくりょう》が菖蒲草を進上することになっていた。今良の仕事は、式場に水を運び、かつ水で式場を清めることであったと思われる。かつては、官奴がこのきよめの仕事を担当したのであろう。

五月五日節の起源は、六、七世紀の「薬猟《くすりがり》」（『日本書紀』推古十九年五月五日条）、「射《う》猟《ゆみ》」（同前皇極元年五月五日条）であり、菖蒲・艾《よもぎ》などの薬草の採取と、薬用にする鹿の新角（袋角《ふくろづの》）を得るための鹿狩がおこなわれた。南北朝時代の中国では、雨季を前にした五月は「悪月」（『荊楚歳時記《けいそさいじき》』）とされ、悪疫を避け邪気を祓うため、艾で作った人形《ひとがた》を門戸に懸け、菖蒲酒を用い、五綵糸《ごさいし》（青・黄・赤・白・黒の五色の糸）を臂《ひじ》にかけた。五綵糸を臂にかければ、兵を辟《さ》けることができるとも考えられていた。五綵糸は、別に長命《ちようめい》縷《る》・続命縷《ぞくめいる》とも呼ばれたが、わが国では、八世紀中ごろには、五綵糸の続命縷から、菖蒲などで作った薬玉《くすだま》に変わっていたとされている。

ところで、この薬猟・射猟の政治的意義は、本来、大王・天皇の即位年などに、新王権への軍事的結集をはかり、かねて、その威容を内外にしめすことにあったと考えられる。六四二年（皇極元）の河内《かわち》国依網屯倉《よさみのみやけ》でなされた射猟には、百済《くだら》からの大使翹岐《こんつかいぎようき》を呼んで観覧させており、六六八年（天智七）五月五日に近江《おうみ》国蒲生野《がもうの》で挙行された薬猟は、近江遷都《せんと》の翌年のことであり、しかも天智《てんじ》の即位年にあたる。皇大弟大海人皇子《おおあまのみこ》以下、群臣がこぞって猟を競った大規模なものであったと伝えられている。この日の宴《うたげ》で、大海人皇子と額田王《ぬかたのおおぎみ》のあいだで交わされた「あかねさす紫野行《ゆ》き標野《しめの》行き　野守《のもり》は見ずや君が袖《そで》振る」と「紫草《むらさき》のにほえる妹《いも》を憎くあらば　人妻ゆゑにわれ恋《こ》ひめやも」の二首の戯《ざ》れ歌《うた》は、有名である。後世の目は、ともすれば天智を交えた三者の人間関係に向きがちであるが、半島への出兵に失敗し、軍事と遷都によって生じた国内不安を抱えた天智政権が、薬猟の名をかりて打った、一大軍事的デモンストレーションであったという点を見逃してはならない。天智は翌年五月五日にも、権臣中臣鎌足《なかとみのかまたり》の陶原家《すえはらのいえ》があった山科野《やましなのの》で、大海人皇子・内臣《うちつおみ》鎌足と群臣を参加させた薬猟をおこなっている。

また、七二四年（神亀元）五月五日の「猟騎《うまゆみ》」は、聖武天皇の即位直後であり、おりしも、東国では「蝦夷の反乱」が起きていた。この日、新政権は、親王以下庶民の「勇健」なるものまでを平城宮に参集させ、「うまゆみ」の儀礼を通して、軍事力の結集を図ったのである。

官奴・今良男は、このような歴史的契機を基礎に儀式化された五月五日節に、設営と「きよめ」を担当する人材として供奉していたのである。官奴婢・今良は、平常は宮殿を兵火や失火より守るため、防火の任務を言いわたされていたものか、八四八年（承和十五）三月、作物所《さくぶつしょ》の鍛冶師《かじし》のところから出た火事が、永安門《えいあんもん》西廊に達した際、近衛《このえ》の兵士らと今良らが、競って水を運び、これを注いで鎮火したという（『続日本後紀』）。そうしてみると、この節会に官奴婢が供奉するのは、彼らの日常的な職掌によるものと考えてよさそうである。

神今食・新嘗祭の今良女

③の神今食《かむいまけ》、④の新嘗祭《にいなめまつり》には、今良女が供奉していた。延喜中務省式《ちゅうむしょうしき》の女官雑用料に、神今食の儀式に供奉する「命婦《みょうぶ》已下今良已上装束料」と皇后宮の「今良十五人装束料」が規定され、また、新嘗祭条にも同様

の規定がみられるのである。

神今食の儀式は、六月と十二月の十一日におこなわれる月次祭《つきなみまつり》の夜、宮中の神嘉殿《しんかでん》において、主上《しゅじょう》みずからアマテラス大神《おおかみ》に神饌《しんせん》を供し、これをともに食し、共寝《きょうしん》する神事である。十一月中卯《なかのう》（ないし下卯《しものう》）の日に実施される新嘗祭でも、神と天皇との共食《きょうしょく》・共寝がなされる。儀式の細部は、秘儀であるからとして、文献に記されることがない。よって、主殿寮と皇后宮の今良女が、具体的にどのような役割で供奉したのかはわからない。だが、天皇が神嘉殿に入る前に、主殿寮が奉仕する御湯殿《おゆどの》で身を清めるしきたりであったから、あるいはこのとき、今良女が勤仕したか、神饌の調達および運搬等に用いられたのではないかと思われる。

『西宮記《せいきゅうき》』の神今食条によれば、神今食および新嘗祭に際して、御厨子所《みずししょ》から仕女三人と「今良袴料《はかまりよう》」が請求されている。おそらく、今良女は臨時にこのとき、御厨子所に出仕《しゅっし》したのであろうが、同所の役割は、供御《くご》のものを調達することにあった。とすれば、今良女が二つの儀式のなかで果たした役割は、神饌を準備する過程での下働きではなかったろうか。

神今食の起源については、不詳の点が少なくないが、奈良時代初期にさかのぼることは確かと思われるので、当時は官婢がこの儀式にかかわったものと考えられる。

稲の収穫祭に起源をもつ新嘗祭は、律令以前にさかのぼる祭祀であり、神今食とは構造的に同じ儀式が展開される。神嘉殿に入る前に、天皇は入浴斎戒《さいかい》をするのであり、神饌が運びこまれ、新穀《しんこく》(神今食では旧穀)を神と天皇が共食する。官婢ないし今良女の役割は、神今食と同様であったと思われる。ただ、新嘗祭では、二日目に豊明《とよあかり》の節会が催され、豊楽院において、五節《ごせち》の舞姫による五節舞《ごせちまい》がおこなわれた。このときにも、あるいはなんらかの役割をになったかもしれない。新嘗祭は、七世紀末ごろには、天皇の即位儀礼である大嘗祭の根源となったことからもわかるように、宮廷祭祀のなかでは、もっとも重要な祭祀であった。

大儺の侲子

⑤の追儺《ついな》は、大晦日に、悪鬼《あくき》を祓い、疫癘《えきれい》(疫病)を除去する行事であり、中国から伝わったものである。古くは大儺《たいな》と呼ばれ、わが国における記録上の初見は、『続日本紀』七〇六年(慶雲三)是年条に「天下の諸国に疫疾《えやみ》ありて、百姓多く死ぬ。始めて土牛《どぎゅう》を作りて、大きに儺す《おにやらい》」とみえるものである(甲田利雄『年中行事御障子文注解』)。後世、鬼やらいと呼ばれ、民間でも今日に至るまで、さまざまな形で伝えられている行事である。

延喜主殿寮式に、十二月晦夜の「追儺今良男卅人、女十六人女五人奉二中宮一、各衣服を給す。表は桃染《ももぞ》めの布、裏は調《ちょう》の布各二丈一尺、女減二五尺一、庸の綿二屯、生糸《きいと》一分」とあり、続けて「官人当日の晩頭、史生《ししょう》・殿部《とのべ》・今良等を率いて、大内前庭にて東西に相《あ》い分かれ、燈台《あかりだい》を立てよ。（注略）随即、燈を燃《もや》し、時に追儺す。已《すで》に畢《おわ》りなば御湯に供奉せよ」とある。

桃染めの布とあるのは、桃の呪力《じゅりょく》で百鬼《ひゃっき》（死霊の禍《か》）を防ぐことができるという、古代中国思想からきている。後世のお伽噺《とぎばなし》で、鬼退治をした童子の名が桃太郎というのと同じである。

十世紀には、今良の男女が追儺儀式に供奉していたのであるが、これ以前、貞観《じょうがん》期の『儀式《ぎしき》』十二月大儺儀条に「小儺《しょうな》の今良、紺《こん》の布衣・緋《ひ》の末額《ばつがく》を着し、桃の弓・葦《あし》の矢・桃の杖・砕瓦《さいが》を持ち」、方相《ほうしょう》氏に扮した儺《だ》長の大舎人《おおとねり》にしたがって、儺の声に唱和しながら宮中を駆け、十二門より（鬼を）追い出す、とみえる。桃弓・桃杖を用いるのも、やはり桃の呪力で鬼をやらうためである。

さらに、九世紀初葉の『内裡式《だいりしき》』では「仮氏《しんし》二十人取二官奴等一為レ之」とあり、当時はすでに今良体制下であったにもかかわらず、官奴等を仮子、すなわちワラハベとして用い、紺の布衣を着せ、朱色の袜額《ばつがく》を額にまかせ、殿庭に整列させるとする。かつては、官奴がこの役につけられていた名残《なごり》かとも思われる。殿庭では、陰陽寮《おんようりょう》の儺祭《だのまつり》がおこなわれ、陰陽師《おんみょうじ》が呪文《じゅもん》を読みあげるのであるが、『儀式』によれば、この祭文《さいもん》には「穢《きた》なく悪《わろ》き疫鬼《えきき》」は「千里の外、四方《よも》の堺、東方陸奥《むつ》、西方遠値嘉《おぢか》（値嘉島《ちかのしま》）、南方土左《とさ》、北方佐渡《さど》」の外を住家とすべきであり、もし四至《しじい》の内にとどまるならば、大儺公《たいなこう》・小儺公《しょうなこう》が五兵《ごへい》をもって追走し、刑殺してしまうぞ、と述べられている。呪文を読み終わったあと、方相氏（大儺）と小儺の今良および門別に分配された官人たちが、鬼を門外に追う儀式をおこない、京職《けいしき》が大内裏《だいだいり》十二門でこれをひき継ぎ、馬に乗って鼓をうちながら京外へ追いはらうのである。

『周礼《しゅらい》』夏官《かかん》には、黄金四目の方相氏が率いるのは「百隷《ひゃくれい》」であると記されるが、後漢《ごかん》時代の五斗米道《ごとべいどう》第二代教主張衡《ちょうこう》の「東京賦《とうけいのふ》」（『文選《もんぜん》』所引）では、「丹首玄製」、つまり黒衣（皂衣《くろきぬ》）をまとい、赤い幘《さく》（頭巾・額あて）をつけた「侲子万童」とする。そして、『後《ご》漢書《かんじょ》』礼儀志には、「中黄門子弟の十歳以上十二以下を百二十人選び、侲子となす」とある。門《もん》下省《かしょう》の官人である中黄門の子弟を、ワラハベの役に充てているのであるが、さらに中黄門が疫鬼にたいして、すぐに立ち去らなければ、十二神獣が汝を食い殺すぞとおどす内容の呪文を唱え、その後に、方相氏が侲子と十二神獣（に扮した中黄門）をしたがえて、宮殿のそとへ追いだすのである。六世紀後半の北斉《ほくせい》では、侲子は楽戸の子弟より二四〇人が採られた（『隋書』礼儀志）。隋王朝では、新たに工人三二人が儺《だ》に奉仕するようになり、そのうちのひとりが方相氏をつとめた。北斉以後、唐代においては、賤身分である楽戸の子弟が侲子とされたのである。それゆえに、日本でも、八世紀以降、宮中儀式として儺の儀礼が成立した際に、侲子役には官奴の子供が充てられたのであろう。唐代では、侲子は一二歳～一六歳のものが充てられた（『唐開元令』）ので、日本でもこれにならったものと思われる。

日本の大儺儀は、侲子の員数も少なく、また十二神獣も登場しないが、祭文にみられるように、聖なる天皇の治める天下の領域の外へ、けがれた悪鬼を追放することによって、清浄なる王土を維持することがめざされており、当初からケガレを祓うための儀式として実施されたと考えられる（三宅和朗『古代国家の神祇と祭祀』吉川弘文館、一九九五年）。官奴の子供は、このケガレ祓い行事のなかで、その先兵とされたのである。

御贖の官奴

大儺儀式とならんで、大祓《おおはらえ》儀式でも、官奴婢は天皇とその国家（みかど）の清浄を保つために、ケガレとかかわる役割をになった。この点については、すでに述べたところであるが、令制下では、六月十二月の晦日、いわゆる中央での二季大祓の当日、宮中では御贖《みあか》と呼ばれる神事がおこなわれた。

ところで、八〇九年（大同四）七月二十日、御贖の神事を汚《けが》した罪で、因幡《いなば》国人大伴《おおともの》吉成《よしなり》は杖罪のうえ、本国へ逓送《ていそう》、「御贖官奴」大風麻呂《おおかぜまろ》は対馬嶋《つしまとう》へ配流との処分が下された。大伴吉成は、国元を離れ、京下をぶらぶらしているうちに、いかなる経路によってかは不明であるが、官奴大風麻呂と知りあい、大風麻呂に代わって、御贖の神事にかかわり、ことが露見《ろけん》して、ふたりとも処罰されたものらしい。

御贖神事は、大祓の当日、天皇と中宮の「御体」のケガレを祓う大事な神事である。この神事は、卜部《うらべ》・宮主《みやじ》・中臣女《なかとみめ》などによって進行される儀礼であり、おそらく官奴はハラエツモノとしてその場に供奉させられたものであろう。

延喜神祇式《じんぎしき》臨時祭の羅城御贖《らじょうみあか》条でも、世ごとに一度ではあるが、羅城門の前において「奴婢八人・馬八疋」そのほかの贖物《あがもの》を用意した神事を規定している。この奴婢は、官奴婢とみてよい。平安期には、今良が充てられたかもしれぬが、『延喜式』が今良とせずに、あえて奴婢と記す所以《ゆえん》は、この御贖神事における天皇のケガレ祓いの役割こそ、ほかでもない、官奴婢のもっとも重要な役まわりであったからであろう。

右のような天皇の祭祀儀礼において、天皇ないしその統治をきわ立たせる、きわめて象徴的な役割を、官奴婢はになったと思われるのである。このような機能を果たしたがために、官奴婢は「解放」後も、一定部分は今良という準官賤身分呼称を付与され、あいかわらず諸官司の支配を受けることとなったのである。

　官奴婢の仕事で、いまひとつ重要と思われるものは、天皇や皇后、あるいは斎王《さいおう》などの車駕《しゃが》行幸・伊勢《いせ》下向《げこう》に、担夫《たんぷ》ないし陪従《ばいじゅう》として供奉することである。延喜主殿寮式には、車駕行幸に供奉する「今良卅人」に三年ごとに、各「紺調布帯一条。調布袴一腰」を支給する規定がみえる。官奴婢や皇后宮職奴婢も、天皇や皇后などの行幸に供奉したのである。最近、平城左京の二条大路で出土した、いわゆる二条大路木簡のなかに、光明《こうみょう》皇后と推測される高い身分の女性の行幸に供奉した人びとの員数を記したものが三点ほど見られる。

①・供奉人員卅六人 司二人 宮人四人　奴八人 婢廿人　仕丁十二人
・　七月廿日
（『平城宮発掘調査出土木簡概報(二十二)』、以下同じ）

②・供奉卅六人 司一人 宮人五人　奴六人 婢十四人　直丁十人
・　　九月五日

③・供奉人員卌九人 司二人 宮人四人　奴六人 婢廿三人　仕丁十人
・「二石八斗　二石　□米一石六斗」

供奉人の内訳では、いずれも男子より女子の方が上まわっていることと、奴より婢がはるかに多く従っていること、さらに、この「宮人」(女官)は皇后宮職の女性職員と思われるので(渡辺晃宏「二条大路木簡の内容」『平城京長屋王邸宅と木簡』吉川弘文館、一九九一年)、これらの奴婢は広義の官奴婢といってよい皇后宮職奴婢とすべきであろう。二条大路木簡には、「皇后宮職」あるいは「皇后宮」の名を記す木簡が、削り屑もふくめてこれまでに一〇点ほども出土している。

伊勢斎宮に配属された今良女は、斎内親王が六月と十二月に神宮にまいるときの陪従とされており、「初斎院」「斎王還入野宮」「斎内親王臨行」などの際にも供奉している。藤原宮木簡に「□都支宮奴婢」と記す削り屑があるから、斎宮には官奴婢がかつて配属されていたことはまちがいない。

このような天皇・皇后・斎王などの行列に、奴婢が加わっていることは、荷物を運ぶ担夫としての役割もさることながら、彼らの主人である天皇等への隷従を、可視的に明示するという意味で、重要であったと考えるのである。官奴婢制の意義のひとつは、そういう意味での天皇権力の顕示《けんじ》に利用できたということである。

長屋王家の奴婢

邸宅には官奴婢も居た

七二九年（天平元）二月、謀反の疑いで糾問《きゆうもん》され、自殺した左大臣長屋王《ながやおう》は、悲劇の人としてよく知られている。妃の吉備《きび》内親王と、その腹から生まれた長屋王の子供たちも、死出の旅の道づれとなった。彼らが住んでいた邸宅跡が、平城宮に至近の左京三条二坊で発見され、そこから約五万点という膨大な量の木簡が出土した。そのなかに、削り屑もふくめて、八二点の奴婢関係木簡が存在する。これほどまとまった奴婢史料が発見されたのは、いうまでもなくはじめてである。邸宅の主人が、第一級の貴族であることから、八世紀初葉ごろの奴婢の貴族的所有の実際を知るうえで、貴重な史料ということができる。

とくに、注目されるのは、「今奴婢《ごんぬひ》」と記された削り屑が二点出土したことである。今奴婢は先述のように、令制下の官奴婢の呼び名のひとつであり、宮中の諸官司等に配属され、雑役労働に従事したり、宮中の儀式に供奉したと考えられる官賤である。木簡の一片には「今奴婢等米三斗」とあり、今奴婢に、邸宅の家政機関から、食米が給付されていたことがわかる。つまり、この今奴婢は長屋王家において使役されていたものらしい。それが臨時のものか、かなり長期的な駆使なのかは不明であるが、目と鼻の先ではあるが、平城宮から官奴婢が「出張」していたことはまちがいない。考えてみれば、妃の吉備内親王の母は元明《げんめい》天皇であり、姉の氷高《ひだか》内親王は母のあとをうけて元正《げんしょう》天皇となる人物であるから、当時、有力な皇位継承権者のひとりである吉備の住む邸宅に、一定数の官奴婢を「派遣」し、その用役権を彼女ないしその夫である長屋王に与えたとしても、少しもおかしくはない。

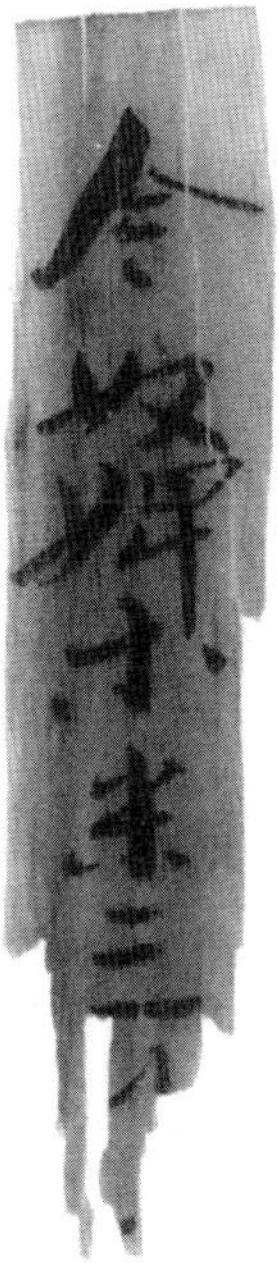

図8　「今奴婢等米三斗」と記す長屋王家木簡の削り屑（奈良国立文化財研究所）

当時、奴婢を所有する貴族・豪族・有力農民などは、娘の結婚に際して、嫁資《かし》のひとつとして、奴婢を分け与えた。夫の側の戸籍に付されたこれらの奴婢は、妻家所得奴婢《さいけしょとくぬひ》とよばれ、夫の所有奴婢とは区別された。そして、妻が死亡すれば、原則として妻の実家に返された。長屋王家にいた今奴婢（官奴婢）も、いわば吉備につけられた妻家所得奴婢にあたるものであろう。

以前、やはり、平城宮に近接する左京一条三坊十五・十六坪の宅地跡から、「□〔官カ〕奴婢食料米一斛」と記された木簡が出土したが、この宅地の主人もおそらく今上天皇にちかい皇族と考えられる。ここからは、「楽毅論《がっきろん》」と書かれた木簡や、元明〜元正朝にふくまれる年紀《ねんき》を記す庸米付札《ようまいつけふだ》なども出土している。官奴婢の用役権とその食料米までも官給されているのである。官奴婢は、このように皇族の事実上の私物のようにも扱われたのである。

長屋王家には、大別して長屋王に所有される奴婢と、吉備内親王に属する奴婢（官奴婢をふくむ）がいたものと考えられる。その総数は不詳であるが、幸いにも、ある日の奴と婢の食口数を記した削り屑が出土している。

(イ)　□□□三日奴八十七人
(ロ)　□〔百カ〕　一口□婢百十一

(イ)は某月三日の奴の食口数が八七人であることを記したものと思われる。(ロ)は、「奴百一口　婢百十一口」と補って読むことができそうであり、とすれば、奴婢あわせて二一二人がその日、邸宅に実在したことになる。このほかに、後述するように、近隣の直轄地である複数の御薗《みその》や御田《みた》にも奴婢がいたことがわかっているので、長屋王夫妻は、官奴婢をふくめて、数百名の奴婢を有していたと考えられる。

親子で勤仕する奴婢

ところで長屋王家の奴婢で名前のわかるものは、奴一三名、婢一六名、あわせて二九名にのぼる。この中には吉備内親王近くに供奉する宮入女《はこいりめ》や王名をもつ蝮王女《たじひおうめ》のように、あるいは官婢かとも思われる者も含まれている。

木簡に名がみえる奴婢二九人のうち、一〇人の年齢がわかる。すべてが同年度の木簡ではないだろうが、このうち八人は一二歳以下の子供である。これらの年少奴婢の大半は、母婢ないし父奴の名がわかる。つまり、母子ないし父子が、ともども勤仕していたのである。名前は不詳だが、別に二歳の児をもつ婢も存在する。削り屑のため、名は不明だが、このほかにもまだ数組の母子奴婢がいたこともわかる。

こうした親子奴婢は、母子奴婢が圧倒的に多く、父子で勤仕する事例は、二例にすぎない（表4参照）。これも偶然というよりは、奴婢の子供は、母婢について生活する場合が

表4　長屋王家木簡にみえる奴婢の親子

	親の名－子の名(年齢)	出土地	備　　考
1	飯　女－米末呂　(6)	TB11	159×24×3
2	古奈都女－乙末呂 (12)	〃	105×13×3
3	細目女－弓張女　(8)	〃	(190)×19×3
4	広　背－鯨　(11)	〃	242×32×2
5	少稲女－竹□女　(12)	〃	127×24×3
6	笘入女－末　呂　(5)	TC11	削り屑
7	蝮王女－百　足　(7)	〃	〃
8	高志麻呂－小越麻呂(？)	〃	〃
9	玉　女－真庭女　(4)	〃	〃
10	奈屋女ヵ－　？　(2)	〃	〃
11	鮎　女－　？　(？)	〃	〃
12	？豆女－　？　(？)	〃	〃
13	□見女－(弓張女)　(8)	〃	〃

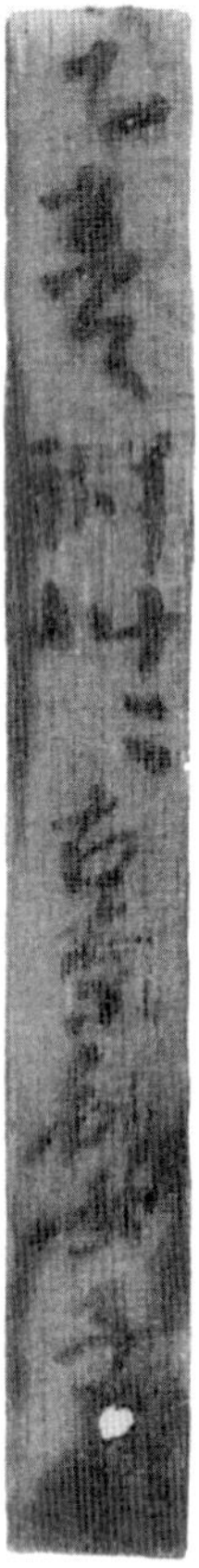

図9　「形小」の注記がみえる奴乙末呂の「名札」木簡（奈良国立文化財研究所）

ふつうであったことを、示すものと考えられる。

父子例を示す木簡には「鯨年十一　広背子形小」とあり、興味深いことは、「形小」という身体的特徴が書き加えられていることである。2番の木簡にも、「乙末呂年十二形小古奈都女子」（図9）とみえる。これらの木簡をふくむ表4の1～5番までは、長さはまちまちだが、長方形木簡に一行書きで一組の親子の奴婢名と子供の年齢を記す。六歳～一二歳までの、年少奴婢の個人別名札であったかと思われるものである。個人用名札には、このほか、「当女　年廿三」のように、成人奴婢の名のみを記すものや「嶋女年卅六□宮入女」のように、成人奴婢名とその子供の名を書くものがあったらしい。

表4の6番以降は、同地点から出土した削り屑にみえるものであり、配属先を付記した奴婢の歴名の一部と推定できるものである。別の削り屑から、門部《かどべ》王《おう》・竹野《たけの》王子等の宮に供奉した奴婢がいたことがわかる。邸宅内外に住む長屋王夫妻の近親者の殿舎にも、これらの奴婢が配属されていたのである。そして、年少奴婢の場合は、親と一緒に配属先に充てられたものと思われる。

年少奴婢の仕事の内容は、たとえば4番の鯨《くじら》（一一歳）が「草運人米一升」を家政機関から受けとり、これを運搬しているように、単純な軽労働であったろう。1番の米末呂《よねまろ》

（六歳）は母婢飯女《いいめ》とともに、山背《やましろの》御薗《みその》に配属されていたが、邸宅の家政機関より食米を支給されている。おそらく、彼も御薗における軽労働に従事していたものと思われる。長屋王家の奴婢の場合、乳幼児以外は何らかの仕事につけられていたと思われるのである。

家内奴隷の基本的スタイル

四町の面積をもつ広大な長屋王家には、主人一家と二〇〇人を超える奴婢以外に、国家より支給された帳内《ちょうない》（親王・内親王に支給されるつかいひと）・資人《しじん》（五位以上ないし中納言以上のものに与えられるつかいひと）があわせて一三〇人、品部《しなべ》にあたる乳戸《ちちこ》・新羅人《しらぎひと》・沓縫《くつぬい》・狛人《こまひと》・百済人《くだらひと》、雑戸《ざつこ》に該当する矢作《やはぎ》・馬甘《うまかい》・鍛師《かじし》・御鞍具人などをはじめとする技術労働者、女竪《にょじゅ》（下級の女官）・乳母《めのと》・御湯曳人《おゆひきにん》等の女子の供奉人たち、僧尼以下経師・帙師《ちつし》・書法模人《しょほうかたいにん》・紙師等の写経関係者、さらには、国造卜部《うらべ》・雅楽寮《ががくりょう》舞人・画工司画部《えたくみのつかさかきべ》・掃守《かにもり》・衛士《えじ》・侍従・大舎人・造兵舎人《つわもののつくりのとねり》・医師・博士・女医といった本来は平城宮に勤仕する人びとや、仕丁《しちょう》・少《しょう》（小）子《し》・各種の雇人・役夫女といった実に多様な人びとが活動していた。

国造卜部のように、長屋王邸宅内での晦日《みそか》の祓《はら》えに供奉したと思われるひとや雅楽寮の舞人などは、一時的に短期間のみ邸宅に寄宿したものであろうが、常時、四〇〇～五〇〇人もの人びとが、長屋王一家に勤仕していたことはまちがいない。奴婢は、員数の面では、王家の生活をささえる重要な部分をなしたといってよいが、その職掌面からみれば、経済的な意義はそれほどでもなかったろう。

奴婢は、河内国石川《いしかわ》郡山代《やましろ》郷にあった山背御薗・大和国十市《とい ち》郡の耳梨《みみなし》御田《のみた》・河内国渋川《しぶ かわ》郡の渋川《しぶかわ》御田《のみた》などにも配属されていたが、それらの御田は「御田芸人」とも呼ばれる農民が雇用されて耕作された。奴婢の仕事は、生産物の収納と管理およびその運搬であった。自己消費のための、蔬菜《そさい》等の栽培に従事することはあったろうが、奴婢は農業生産のにない手ではなかった。

長屋王家には、務《む》所・政所・家令所《かれいしょ》などの家政機関の下に、まるで平城宮のミニチュア版ともいうべき、主殿司・酒司・水取《もいとり》司・大炊《おおい》司・氷司・縫殿その他の内廷的官司や、工《たくみ》司・鞍具作司・鋳物所・鏤盤所《ろばんしょ》・嶋造《しまつくり》司・仏造司・机立司・染司等の工房、御馬司・犬司・鶴司といった動物を飼う機関、さらには斎会《さいえ》司・書法所など実に多様な機関がつくられていた。これらの機関の統括や実務をおこなったのは、舎人や帳内《ちょうない》などからなる家令職員であった。技術・技能を必要とする生産や修理は、先にあげたようなそれぞれの専門の雑工が担当した。主人一家の身辺近くには、王家と譜代の仕奉《しぶ》関係を有する豪族などから貢進された人びとや女竪らが近侍した。したがって、奴婢が充てられた仕事は、それぞれの分野の補助的労働であり、さまざまな雑役労働であった。

長屋王家木簡から、直接知ることができる奴婢の労働は、主人一家の住む殿舎や家政機関等での雑役のほかに、御殿の警備・松材または松子（松の実）の採取と物資の運搬・物品の購入の仕事などである。

とくに目をひくのは、配属先の御田・御薗等からの生産物の運搬・邸宅内から邸宅外の所々への食料等の運搬・邸宅内の所々および主人一家の食米の運搬など、物資を運ぶ労働が非常に多くみられることである。

もちろん、奴婢以外の人びとも食米などの運搬に従事することがあったが、運搬の仕事にしめた奴婢のウエイトはかなり高いものがあったように思われる。奴婢の運搬労働は、長屋王家の北をはしる二条大路出土の木簡にみえる、天平初年の兵部卿《ひょうぶきょう》藤原朝臣麻呂《まろ》家の奴婢の主労働でもあったし、東大寺の奴婢や官奴婢等も同様であった。

陸上輸送の手段をおもに、人力に頼らざるを得なかった古代社会では、運搬労働は当時の社会的生産活動において、不可欠の重要な労働であった。そして、主人のために荷をかつぐ姿は、奴隷の象徴的形象でもあった。『日本書紀』雄略《ゆうりやく》天皇条にみえる「負嚢者《ふくろかつぎひと》」は、罪を犯して奴隷とされた人びとをさす語であるが、主人のためにフクロをかつぐ家内奴隷の姿を直截的《ちょくさいてき》に表現した語でもある。

『古事記』上巻に、八上比売《やがみひめ》に求婚するためにでかけた八十神《やそがみ》たちが、大穴牟遅神《おおなむちのかみ》に帒《ふくろ》を負わせて「従者《ともびと》」としたことや、そんな大穴牟遅神にたいしてイナバの「素兎《しろうさぎ》」が「帒《ふくろ》を負うといえども、あなたこそ八上比売《やがみひめ》を獲得されるでしょう」といったという神話がみられる。ここでも、兄たちのためにフクロを負うことは、まさに人格的隷属をしめすものであるとの認識がうかがわれるのであり、神話ではあるが、この説話に家父長制家族内にひそむ家内奴隷の存在を読みとることができよう。しかも、注意すべきは、フクロを負わされた大穴牟遅神は、建国神話において、天孫に国譲《くにゆず》りをした大国主命《おおくにぬしのみこと》の原型とされていることである。この神は、まさに高天原《たかまがはら》の神々、天《あま》つ神のために、フクロを負う国《くに》つ神を代表する存在であり、ひいては、天孫とされる天皇のために、フクロをかついで重い足どりで税を運ぶ、すべての公民《おおみたから》の姿の形象でもあるということである。

吉備内親王と、事実上親王とみなされていたという長屋王に隷属した奴婢たちは、無自覚のうちに、右のような天皇による公民支配のイデオロギーを、日常的な労働過程において体現していたのである。平たくいえば、天皇や貴族にとって、律令的人民支配のうえで、彼らのために奴婢が「重い荷物を担ぐ姿」を必要としたのである。

地方豪族と下級官人の奴婢所有

中央および地方の下級官人層も、少数の奴婢を所有していたが、少数とはいえ、ここでの奴婢の経済的意義ないし奴婢の果たす役割は大きなものがあった。

出雲臣麻呂戸の奴婢

具体的事例として、七二六年（神亀三）の山背国愛宕《おたぎ》郡出雲《いずも》郷下《しも》里の計帳にみえる出雲《いずもの》臣麻呂《おみまろ》の戸をあげてみよう（表5参照）。戸口数は四三と大きいが、うち一七人が奴婢である。働き盛りの正丁《せいてい》五人のうち、四人までが使部《しぶ》（官司の雑用をする下級職員）・大舎人《おおとねり》（宮中での宿衛・行幸の供奉などをした下級官人）・資人《しじん》として出仕している。丁女四人のうち、一人は七二〇年（養老四）に逃亡しており、一人は放賤従良《ほうせんじゅうりょう》された出雲部伊佐売《いずもべいさめ》で

表5　出雲臣麻呂戸の戸口構成

男　子	21人	女　子	22人
正　丁	5	丁　女	4
（うち、右大弁官使部・民部省使部・左大舎人・阿部旦臣筑紫資人各1）		（うち、逃亡1・放賤従良者1）	
		少　女	1
小　子	6	小　女	6
緑　子	3		
		老　女	1
正　奴	7	正　婢	6
（うち、逃亡者2）		（うち、逃亡者3）	
		少　婢	2
		小　婢	2

ある。これでは、戸の農業は成り立たない。しかし、奴婢一七のうち、逃亡した四人を除外しても、正奴五・正婢五が健在であり、この正奴婢九人の労働力は、戸の実動労力正丁一・正女三を上まわり、四人の出仕者を、客観的には耕作労働から解き放つ役割を果たしているといってよいだろう。

八世紀前半の京畿諸国の籍帳をみると、右京・山背国愛宕郡出雲郷などのように、下級官職や位階を帯びる人たちが多く所貫されている地域では、奴婢所有戸の比率が高い。おおむね数人の奴婢所有にとどまるものではあるが、下級官人層においては、この奴婢労働力をもつことにより、家内の雑事・農業から解放され、公務に専念することができたのである（鬼頭清明「日本における原始・古代の発展段階論の現状と課題」『歴史評論』五〇四、一九九二年）。その意味で、律令制下の官僚機構は、家父長制的家内奴隷制に依拠する部分があったのである。

『万葉集』巻七におさめる「住吉《すみのえ》の小田《おだ》を刈《か》らす子奴《やつこ》かも無き　奴あれど妹《いも》が御為《みため》と私《わたくし》田刈《だか》る」という歌は、奴に田をまかせ、恋する女性のために、彼女の田の刈り入れを手伝う男の歌である。歌をつくり、恋を実らせる余裕をこの男に与えたものは、その奴婢所有であったのである。

御野籍の奴婢

次に、地方の農村における奴婢の社会的機能について、七〇二年の御野《みのの》国《くに》戸籍をもとに、考えてみようと思う。

八世紀初頭の美濃《みの》国の村落社会では、支配層に、旧国造《くにのみやつこ》・県主《あがたぬし》の系譜をひくものと、壬申《じんしん》の乱などの律令国家形成過程での内乱において、めざましい軍功をあげた渡来系氏族をふくむ中小豪族層などがいた。そして、人口の大半をしめる被支配層である庶民には、旧部民が解放されて公戸《こうこ》民となったものと、首長層に擬制的につながるものをもふくむかつての共同体の一般的構成員であったものなどがみられる。旧伴造《とものみやつこ》の系譜につながる豪族は、地方官僚である郡領《ぐんりょう》に任命され、旧部民と一般住民は公民として、居住する地域（郷・里）に所貫・編成されたのである。かつての、伴造—部民の身分関係は、郡領—村落下層民の公の支配・被支配関係として「発展」させられたのである。御野籍において、戸口の内訳がわかる戸は一三四戸であるが、このうち、奴婢を所有するものは二一戸（一五％）にとどまる（表6参照）。畿内にくらべれば、奴婢所有戸のしめる比率は低い。

最大の奴婢所有戸は、肩々《かたがた》里の国造大庭戸であり、戸内の正丁・正女の員数を上まわる正奴・正婢を擁する唯一の戸でもある。ただ、大庭戸の奴婢五九のうち、三四人以上が、妻の国造尼売の所有する奴婢である。夫の大庭は、二二人を所有するにすぎない。尼売の

表6　御野国戸籍の奴婢所有戸

郡里名	戸主名	等級	戸口数	戸口構成中の正丁・正女	奴婢数
味蜂間郡春部里	国造族　麻呂	下中	46	正丁5・正女8・兵士1（歩桙取）	2（正奴1正婢1）
	国造族　豊嶋	下ゝ	29	正丁3・正女7・兵士1	3（正婢1）
	国造族　加良安	下上	51	正丁7・正女8・兵士1	13（正奴1正婢4）
	国造族　文得	下ゝ	26	正丁5・正女4・兵士2（1歩桙取）	2（正婢1）
加毛郡半布里	県造　吉事	中下	44	正丁5・正女11・兵士1（歩桙取）	13（正奴1正婢4）
	県造　荒嶋	下中	13	正丁3・正女3・兵士1	1（正奴1）
	県主　万得	下ゝ	21	正丁3・正女4・兵士1	2
	生部　津野麻呂	下ゝ	16	正丁3・正女4・兵士1	1
	秦人　多津	下中	24	正丁3・正女5・兵士1（歩桙取）	1
	秦人　多麻	下中	31	正丁3・正女3・兵士1（弓中）	4（正奴1正婢2）
	秦人　甲	下上	24	正丁3・正女2・兵士1	1
	不破勝族　金麻呂	下中	23	正丁3・正女4・兵士1	1（正奴1）
	県造　紫	下ゝ	32	正丁3・正女8	3（正奴1）
本簀郡栗栖太里	栗栖田君　土方	下中	22	正丁1・正女5・兵士1	3（正婢2）
	栗栖田君族　広麻呂	下中	32	正丁3・正女10・兵士2	1（正婢1）
	刑部　都ム志	下ゝ	15	正丁3・正女1・兵士2	2（正奴1）
	漢部　目速	下中	18	正丁1・正女4・兵士2	1（正奴1）
	栗栖田君 □	?	?	?　・正女8・?	2
山方郡三井田里	他田　赤人	下中	23	正丁3・正女5・兵士1	4（正婢1）
方県郡肩々里	国造　川嶋	下ゝ	26	正丁3・正女6・兵士1	3（正奴1）
	国造　大庭	中下	96	正丁7・正女7・兵士1	59（正奴12正婢12）

奴婢は、本巣国造《もとす》の直系をひく彼女が、結婚に際して、実家から嫁資《かし》として連れてきたものである。いわゆる妻家所得奴婢《さいけしょとくぬひ》であり、当初は二〇人ほどの奴婢が、ほぼ二〇年間に三四人以上に増えたものである。妻家所得奴婢は、妻の夫家における家事労働から彼女を解放したにちがいない。尼売のように、大量の奴婢を嫁資としてもたらした場合には、そのこと自体が、尼売の属する郡領級豪族としての社会的身分を、可視的《かしてき》に表わしたといってよい。大庭戸の奴婢の労働力は、主人の家族を家事労働や農耕から解放し、さらにその一部は開発等の労働力として投入できたにちがいない。そして、大庭の子小万は方肩郡《かたがた》の少領《しょうりょう》に出世し、七七〇年（神護景雲四）に稲二万束を美濃国分寺《こくぶんじ》に施入したことによって、外従五位下を授けられている。大庭戸は、半世紀あまりのあいだに、郡領級豪族につながる有力戸から、郡司をだす豪族戸に発展したのであるが、その原動力のひとつは、大量の奴婢所有であったと考えられるのである。

それぞれ一三人の奴婢を所有する春部里《かすかべ》の国造族加良安戸《からやす》・半布里《はにゅう》の県　造《あがたのみやつこ》吉事戸《きちじ》の場合は、奴婢労働は主人一家を、家事と耕作から全面的に解放するまでにはいたらなかったと思われる。吉事戸の奴婢はすべて戸主母県造奈尓毛売《なじけめ》の所有するものであり、彼女がかつて、加茂県主《かものあがたぬし》の直系をひく実家から、嫁資として連れてきた奴婢とその子供たちである。半布里における伝統的な有勢戸としての体面を保つには十分な奴婢所有ではあったが、戸の経済活動を、飛躍的に発展させる原動力とはならなかったろう。加良安戸の場合、戸主奴婢は八人であり、他は戸主の弟が二人、妻が三人を所有している。戸主奴婢は、戸主に差配権はあるが、戸の経営の全般にわたって使役される性格のものである。奴の年齢が若く、この時点では、かろうじて、戸主家族を家事労働から解放する役割を果たしたにすぎないが、小奴一・少奴二の存在は、今後、この戸が力田者《りきでんしゃ》へと上昇してゆくための潜在的条件のひとつといってよかろう。

その他の一～四人の奴婢をもつ戸では、奴婢労働は家族労働の補完的役割を果たしたにすぎない。しかしながら、これらの戸は、大半が一～二人の兵士をだしており、奴婢は兵士役につく正丁の「公務」を保証する役割を果たしているともいい得る。兵士役は、律令制初期から、民戸を崩壊に導く要因のひとつとされてきた。その意味で、これらの少数奴婢は、政戸《せいこ》のマツリゴトとしての応兵を保証し、その戸を崩壊から守る役割すら果たしたといってよいだろう。つまり、地域の一般住民の少数の奴婢所有は、公戸制を維持するうえで、重要な機能をもったのである。

鹿嶋社の神賤

公民とされた神社の隷属民

神賤《しんせん》とは、神奴婢《かむやっこ》ともいい、神社に隷属する家人奴婢といわれてきた。寺奴婢《じぬひ》を寺賤《じせん》というのと同じことである。だが、寺賤の存在が、畿内はもちろん諸国の国分寺《こくぶんじ》・国分尼寺《こくぶんにじ》・定額寺《じょうがくじ》その他多くの寺院に実在し、その記録が残され、寺賤に関する法令が発布されたのにたいし、神賤については、常陸国《ひたち》鹿嶋社《かしましゃ》以外に存在を証拠づける史料をまったく欠いている。

実は、良賤制成立期において、神社の隷属民は、鹿嶋社を除き、すべて解放され、神社の「用人」には、良人を「神戸《かんべ》」として充てる政策がとられたのではないかと思われるのである。その理由はこうである。

寺院の隷属民にたいする統制は、良賤制が成立する以前に着手された。『日本書紀』六四五年（大化元）八月癸卯条に、寺司《てらのつかさ》と寺主に、諸寺を巡行させて、僧尼・奴婢・田畝《たはたけ》を調査させよとあり、同八月庚子条にみえる「男女の法」には、生まれた子の帰属に関する一般的原則に加えて、とくに、「寺家仕丁之子」の帰属にも触れ、寺院の隷属民（仕丁《しちょう》＝つかえよぼろ）は原則として良人とみなして子の帰属を決めること、もし、すでに奴婢とされているものについては、奴婢の法によって子の帰属を決めよとしている。「男女の法」が実施されたのは、最初の全国規模の造籍《ぞうせき》である六七〇年（天智九）の庚午年籍《こうごねんじゃく》においてであったと考えられるが、いずれにせよ、寺院の隷属民への中央政府の関与は七世紀中葉ごろにさかのぼることはまちがいない。

一方、神社の場合、政府の施策は、天武《てんむ》・持統《じとう》朝の神戸の税や増員問題としてはじめてとりあげられる。このように、神社にたいする統制が遅れたのは、天神《あまつかみ》と仏教を尊び、地方神ないし地祇《くにつかみ》を軽んずる孝徳《こうとく》朝の宗教政策もあって、斉明《さいめい》朝の出雲熊野《いずもくまの》神や筑紫朝倉《つくしあさくら》神等の中央政府の神祇行政への強い抵抗にみられるような、地祇の祭祀権への介入を容易に許さない、地方豪族の力が障害となっていたからであろう。結局、全国的な神社統制は、壬申《じんしん》の乱を勝ち取って、強力な権力集中を実現した天武朝になって、はじめて可能となったのである。そして、この時期には、部民《べのたみ》などの私有民を公民化することが政策的課題となっていた。寺院の隷属民の登録がなされた孝徳〜天智《てんじ》朝には、まだ私有民を公民とするだけの主体的条件が、政府の側にはなかったのである。したがって、喜捨《きしゃ》などによって、寺院の奴婢となっていたものは、そのまま「寺家用人」として所有を認めたのである。しかし、神社の場合は、基本的には奴婢もふくめて隷属民はすべて解放し、新たに神戸を定めて「用人」にあてたわけである。

従来、令制下の諸国に分布している、神奴連《かんやつこのむらじ》・神奴・神奴部などの姓をもつ人びとの存在から、神賤が当時も各地の神社に実在したと理解されてきた。しかし、これらは、令制以前の神社隷属民としての神奴婢の存在を推定させるものであっても、良賤制成立期以降にも神社の奴婢が存続していたことを証するものでは決してない。

神奴姓者の存在は、八世紀初頭にさかのぼり、そのころ、紀伊《きい》国名草《なぐさ》郡には、神奴里なるものがすでにおかれていたことから、おそらく、六九〇年（持統四）の庚寅《こういん》年籍あたりで、神奴婢は解放され、神奴の姓を付されて神奴里にまとめて編戸されたものと考えられる。彼らには、一般の公戸《こうこ》民と同じように、納税義務があったことは、七二八年（神亀五）九月の年紀《ねんき》をもつ平城宮木簡に、紀伊国海部《あま》郡可太《かだ》郷黒江《くろえ》里の戸主神奴与止麻呂《かむやつこよどまろ》が調《ちょう》の塩三斗を納めていることから明白である。

「神々の国」出雲には、開発のおくれた地域などに神奴部姓者がたくさん分布している。これは同国では、諸社の隷属民を解放した際、神奴部の姓を付し、まとめて後進地帯で、かつ交通の要衝となる地に編戸《へんこ》した結果をしめすと考えられる。

神奴連は、『新撰姓氏録《しんせんしょうじろく》』摂津《せっつ》国神別《しんべつ》の項と、『除目大成抄《じもくたいせいしょう》(大間成文抄《おおまなりぶみしょう》)』に典薬寮《てんやくりょう》医師正六位上神奴連貞述(九九五年秋任官)の名がみえるにすぎないが、神奴姓者の伴造《とものみやつこ》的氏族に与えられた姓であろう。

最大の官社である伊勢神宮には、古い記録や史料が多いが、これらに神賤はまったく姿をみせない。『住吉大社神代記《すみよしたいしゃじんだいき》』や『粟鹿大明神元記《あわがだいみょうじんもとき》』などの神社縁起ないし流記資財《るきしざい》帳《ちょう》的記録に、まったく神賤のことが記されていないことは、寺院の同種の文献に、よく寺奴婢の員数・淵源《えんげん》や職掌のことなどがみえることときわめて対照的である。神奴婢は、七世紀末ごろに、一斉に解放され、一部は神戸としてふたたび神社に勤仕することになったものもいたろうが、基本的には公戸民とされたのである。そうしたなかで、鹿嶋社のみは、例外的に令制下においても、奴婢所有が継続されたと思われる。鹿嶋社の神賤は、「孤立」した存在であったのだ。

鹿嶋社の神賤支配

鹿嶋社の神賤の淵源については不詳であるが、天智朝の「香島社《かしましゃ》」造営以前の「天之大神社、坂戸社、沼尾社」(『常陸国風土記』香島郡条)など三処《みところ》の元宮《もとみや》時代からの隷属民と、鹿嶋社成立後に蓄えられた奴婢(奴隷)などが加わり、良賤制成立期には相当数にのぼっていたと推測される。それらの奴婢のなかには、七世紀代の対「蝦夷」戦争で略された人民もいた可能性がある。八世紀後半の鹿嶋社には、官大寺なみの数百人～一〇〇〇人を超えるほどの神賤が存在したことは、『続日本紀《しょくにほんぎ》』の次のような記事から、容易に推定されよう。

①七五八年(天平宝字二)九月丁丑条
　神奴二一八人を神戸とする。

②七六七年(神護景雲元)四月庚子条
　神賤男八〇人、女七五人を良に従える。

③七七三年(宝亀四)六月丙午条
　神賤一〇五人は、神護景雲《じんごけいうん》元年より制を立て、一処に安置《あんち》せしめ、良と婚姻することを許さず。是《ここ》に至り、旧《もと》に依《よ》りて居住せしめて更に移し動《うごか》さず。其の同類相《あ》い婚《よば》うこと、一に前例に依れ。

④七八〇年（宝亀十一）十二月壬子条

常陸国言《もう》す。脱漏《だつろう》せる神賤七七四人を神戸に編せんことを請う、と。これを許す。但し、神司《かんづかさ》妄《みだ》りに良民を認めて、規《はか》りて神賤と為《な》し、霊異《れいい》に仮託《かたく》して朝章《ちょうしょう》を侵《しん》擾《じょう》せり。今より以後、更に申請することなかれ。

では、なぜ、鹿嶋社のみが神賤を保有できたのか。大方の神社は、奴婢的隷属民を解放して、政府の公認のもとに、神戸をもってこれにかえることとしたのだが、鹿嶋社はこうした政府の基本政策に従わなかったことになる。言いかえれば、成立当初の律令国家の威《い》光《こう》は、東国《とうごく》きっての鹿嶋社には通じなかったのである。

おそらく、鹿嶋社が政府の公民化政策を免《まぬが》れたのは、当時の東北経営の不安定性にあったと思われる。しかも、同社は「征夷《せいい》」のためにおくり込まれる「皇軍《こうぐん》」の精神的基盤としての軍神《ぐんしん》＝鹿嶋神を擁《よう》する。鹿嶋社の神賤の存在は、初期律令国家の公権の限界を端的に示すものであった。

鹿嶋社の独自な神賤支配は、八世紀後半の称徳《しょうとく》・道鏡《どうきょう》政権による寺奴婢解放政策が展開された時期にも、したたかに継続された。②の神賤解放は、ちょうど、女帝と道鏡が権力をふるった時期のことであり、彼らの寺奴婢解放政策は孤立的に神奴婢所有をつづける鹿嶋社に無言《むごん》の圧力を与えたにちがいない。しかも、当時、鹿嶋社は周辺の良民を神賤として取り込み、常陸国衙《こくが》とのあいだでは摩擦が生じていたらしいことが、④からうかがわれる。

①の神奴を神戸としたことや、②の神賤の解放、④の脱漏神賤の神戸化などは、政府と国衙の圧力にたいする鹿嶋社の巧妙かつ積極的な対応策であったと考えられる。神賤を解放して神戸としたのちも、実は、鹿嶋社の神戸一〇五戸のうち、一般の神戸とは区別して、これらを「神賤五十烟《えん》」(『新抄格勅符抄《しんしょうきゃくちょくふしょう》』大同元年牒)として隷属させていたのである。③によれば、神賤一五五人を解放した年に、これと別に一〇五人の神賤を一処に集住させ、良人との通婚を禁じたという。おそらく、解放されたものは、籍に名はあっても実態のない奴婢や、④にいうような良民を偽って神賤としていたものが中心であったと思われ、鹿嶋社が実際に正身《しょうみ》を有し、駆使できた神賤はがっちりと握って離さなかったのではなかろうか。

良賤通婚《りょうせんつうこん》を利用して、良民を神賤として取り込むという、中央政府からみれば、明らかな違法行為を、常陸国がただちには糺《ただ》せなかった理由は、先に述べたような歴史的事情と、今ひとつ、中央における藤原氏の力が障害となったことである。鹿嶋神(武甕槌命《たけみかづち》)

は、藤原氏の氏神《うじがみ》である。七六五年（天平神護元）、鹿嶋社の神封《しんぷう》二〇戸が大和国の春日《かすが》神に寄せられ、鹿嶋神が春日御蓋《みかさ》山の地に遙祀《ようし》されたことにはじまる春日大社《かすがたいしゃ》の創建は、七六八年ごろのことであった。七七七年（宝亀八）、鹿嶋社は内大臣《ないだいじん》藤原良継《よしつぐ》の病気平癒《へいゆ》を祈願《きがん》するため正三位に叙《じょ》せられる。その三年後に④にいうような脱漏神賤と称して、同社が「霊異」にかこつけて賤身分としていた周辺良民ら七七四人を「解放」し、新たに神戸に組み込んだわけである。鹿嶋社の神司のしたたかさもさることながら、このような玉虫色の政府裁定の背後に、藤原氏の政治力が介在《かいざい》したことはほぼまちがいあるまい。

八世紀後半における鹿嶋社の神賤をめぐる駆け引きは、実は、中央における藤原仲麻呂《なかまろ》（恵美押勝《えみのおしかつ》）と女帝・道鏡ラインとの政治的争いの一環でもあったと考えられる。仲麻呂政権が滅び、女帝が病死して道鏡も左遷《させん》されることになるが、鹿嶋社の神賤は、その後も存続しつづけたのである。

「神兵」とされた鹿嶋神賤

七八二年（延暦元）五月、鹿嶋神は陸奥《むつ》国にも勧請《かんじょう》されることになった。この勧請には、桓武《かんむ》朝初期の対「蝦夷」戦争に向けて、軍神としての鹿嶋神の霊威《れいい》を蝦夷の地である陸奥におよぼし、その「神験《しんけん》」によって「凶賊」を討伐するねらいがあった。鹿嶋神タケミカズチは、建国神話では、天《あま》つ神があらぶる国《くに》つ神を平定・服従させるために、地上に派遣された剣《つるぎ》の神とされている。東国のあらぶる蝦夷を、鹿嶋神の霊力で平定しようとする根拠はそこにあった。

同年六月、大伴家持《おおとものやかもち》が陸奥按察使鎮守将軍《あぜちちんじゅ》に任命されたが、その後、長岡京《ながおかきょう》造営事業などもあり、一時中断する。そして、七八六年に東海《とうかい》・東山《とうさん》両道に軍備を点検せよとの命令が下され、七八八年三月、両道と坂東《ばんどう》諸国の歩兵と騎兵あわせて「五万二千八百余人」に、翌年三月までに、陸奥国多賀城《たがじょう》に集結するよう動員令が下されている。注目すべきは、このとき、桓武天皇が発した勅《ちょく》に、「兵を点《てん》ずるには、先《ま》ず前般軍に入り、戦《いくさ》を経て勲を叙せる者、および常陸国神賤を尽《つ》くし、然して後に、余人《よじん》の弓馬に堪《た》える者を簡点せしむ」とあることである。

鹿嶋神賤が、以前に軍功をあげたベテランの兵士とともに、真っ先に点兵《てんぺい》の対象にあげられているのは、ただ彼らが兵士として精鋭であったというだけではあるまい。桓武天皇が神賤に期待したことは、彼らがもっとも危険な最前線にあって、軍神鹿嶋神の遣わした兵士、つまり「神兵《しんぺい》」として、天皇の派遣した軍隊、すなわち「皇軍《こうぐん》」の先頭に立つことにより、全軍の将兵を鼓舞《こぶ》し、もって「皇軍」に勝利と神の加護をもたらすことではなかったろうか。

桓武朝の軍役《ぐんえき》や軍需物資の徴発を命じた勅令・太政官符《だじょうかんぷ》には、万民がこの負担を負うことは、「皇民」なんだからあたりまえとする論理が用いられている。坂東諸国では、これまでは「雑色《ぞうしき》の輩《やから》や浮宕《ふご》の類《たぐい》」・「散位《さんみ》の子、郡司の子弟」等は徴兵の対象外とされてきたが、この「皇民」思想により、はじめて彼らも動員されることとなった。五万を超える軍勢は、まさに「皇軍」として組織されたものであった。それゆえに、この軍には鹿嶋の神賤が「神の奴婢」として、いわば「錦の御旗《みはた》」の役割を演じなければならなかったのである。

しかし、ここでいう「神の奴婢」の意味は、中世の神人《じにん》・非人などについていわれている聖なる「神仏の隷属民」という意味あいでは決してない。神賤は平時においては、奴隷として神社の清浄を維持する仕事や、神事における雑役などに従事したのであり、彼らが勤仕したのは聖なる神ではなく、世俗にも結構長《た》けた神社の神司であった。

神賤兵士を先頭にした「皇軍」は、翌七八九年（延暦八）春、「賊奴《ぞくぬ》の奥区」胆沢《いさわ》にむけて行動を起すが、律令貴族が奴とさげすむところの「賊帥夷阿弖流為《ぞくすいいあてるい》」に翻弄《ほんろう》され、六月には壊滅的大敗を被《こうむ》った。おそらく、神賤兵士のなかにも、多くの死傷者がでたにちがいない。桓武天皇の期待は、空しく終わったのである。

卑賤観の系譜

陵戸と死穢

陵戸の前身

令制の五色《ごしき》の賤《せん》のうち、陵戸《りようこ》については、かつて、被征服民や犯罪人が充てられたこと、およびその職掌が葬送《そうそう》陵墓にかかわったため、罪穢《ざいえ》や死穢《しえ》と結びつけて、卑賤視されたものと考えられてきた。

だが、陵戸の前身とされる陵守《みさざきもり》（はかもり）に被征服民が充てられたという形跡はまったくないし、罪人を充てた例は、『日本書紀』顕宗《けんぞう》元年五月条の押磐皇子《おしはのみこ》暗殺に手を貸した罪で、死罪となるところを許され、近江の蚊屋野《かやの》に築かれた陵の「陵戸」兼山守とされた狭狭《ささ》城山君韓帒宿禰《きやまのきみからぶくろのすくね》の一例しか文献にはみえない。しかも、『古事記』では、皇子（忍歯《おしは》王）の「御陵」を守ることは、韓帒の子どもたちとされており、皇子の遺骨はのちに大和へ移したと記している。『古事記』が皇子の「御骨」を大和に移したと記すのは、この説話が作られたころ、皇子の墓が大和にあったための付加と考えられている。要するに、陵を皇子が殺された地に築造したとすること自体が、説話的表現であり、韓帒ないしその子どもを「陵戸」としたということも、史実とは考えがたい。これをもって、かつて、守陵民には罪人を充てたとすることはできない。

陵戸は、最初、陵守と呼ばれていたが、この陵守の語の初見は、『日本書紀』仁徳《にんとく》六十年十月条である。これは、大王仁徳が、日本武尊《やまとたけるのみこと》の白鳥《しらとり》陵の陵守を役丁《えよぼろ》に差発しようとしたところ、「陵守目杵《めき》」がたちまち白鹿となって逃走したので、もとどおり陵守をおくこととし、土師連《はじのむらじ》等の管理下においたという説話である。この説話は『古事記』にはみえない。この白鳥陵怪異伝説を根拠に、仁徳朝以前から陵守が設置されていたとする見解もあるが、そうした推測はきわめて「危険」(和田軍一「諸陵寮式の研究(中)」『歴史地理』五三―三、一九二九年)である。陵守を一般の役丁に充ててはならないとする思想は、陵墓の制度化がみられる持統《じとう》朝以降にでてくるものである。

右の怪異伝説は、また、陵戸が天皇などの葬送にかかわった証拠としてあげられている史料でもある。すなわち、第一に、白鳥陵の陵守がふたたび土師連に授けられたのは、彼らが土師氏の部曲《かきべ》であったからと理解するのであり、第二に、土師連が凶儀《きょうぎ》・陵墓のことにかかわったことは別の文献史料から確かめられるから、令制前の陵守には、陵墓の造営・修理をつかさどる土師氏の部曲が充てられ、彼らも葬送のことにたずさわったにちがいないというのである。しかし、この怪異譚《かいいたん》からただちに土師氏がその部曲を陵守として支配していたとか、陵守も葬送に関係したとするのは、短絡《たんらく》的といわねばならないし、令制下の陵戸が凶儀とかかわった形跡はまったくないのである。

陵戸はなぜ賤身分におとされたのか

しかも、直接に死者を葬ったり、葬礼に関与したのは、土部《はじべ》であった。一方、陵戸は、陵墓の守衛・灑掃《さいそう》に従事したのである。陵墓守衛民に関する最初の制度は、六九一年（持統五）に、天皇陵には五戸、それ以外の王の墓には三戸の陵守をおくこと、および陵守が不足するときは、公戸《こうこ》民を一時的に借陵守《かりのみさざきもり》・借墓守《かりのはかもり》とせよとするもので（『日本書紀』持統五年十月乙巳条）、浄《きよ》御原令喪葬令《みがはらりょうそうそうりょう》の細則と考えられている。『日本書紀』はすでに陵戸の語を用いているが、当時はまだ、陵守と呼ばれていた。大宝令制下では、以前からの王墓守衛民の流れをくむ常陵守および墓守は、あわせて八四戸（倭《やまと》国三七戸・川内《かわち》国三七戸・津国五戸・山代《やましろ》国五戸）、また、借陵守と墓守は一五〇戸（京二五戸・倭国五八戸・川内国五七戸・山代国三戸・

伊勢国三戸・紀伊国三戸等）が規定されていた。借陵守・墓守とされた人びとは、徭役《ようえき》を免除され、三年ごとに交替した。新たに一般百姓戸から倍ちかい仮の陵墓守衛民が充てられているのである。常陵守・墓守の設置時期は不詳であるが、持統朝をそれほどさかのぼるとは考えられない。

陵戸の語が正式に法制用語として使用されたのは、養老令《ようろうりょう》からである。もっとも、養老令は七一八年（養老二）に成立するが、その施行は七五七年（天平勝宝九）であったので、一部の明法家《みょうぼうか》たちは、陵戸の語を大宝令《たいほうりょう》制下でも用いたらしい。国法上、陵守から陵戸に用語が変更されたとき、陵墓守衛民は、はじめて賤身分におとされた。

では、なぜに、この時点で陵墓守衛民は賤身分とされたのであろうか。

この理由について、死穢《しえ》を嫌う風潮が強まって、守陵民にたいしても賤視が強まったからとする見解があるが、八世紀段階ではとても考えられないことである。大宝令の神祇令《じんぎりょう》散斎《あらいみ》条などから、当時、宮中の祭祀の場では、死穢や出産の穢《え》を忌避《きひ》する風潮があったことは認められる。だが、死穢などにたいする忌避観念を、記紀神話に基づき、非常に古くからの観念であったとしたり、わが国では、触穢《しょくえ》思想が早くから一般化していたとみることは事実に反する。神話の死穢観は、あくまでも神話的表現形式とみるべきであろう

（西郷信綱「黄泉の国と根の国—地下の世界について—」『文学』三九—一一、一九七一年）。「穢《きたな》き国（死界）」で妻イザナミの腐乱した亡骸《なきがら》をみたイザナギ神は、黄泉《よみ》の国から逃げ帰り、禊《みそぎ》をしたのちに「皇祖神」アマテラス以下の神々を産み落としたという。この説話では、「穢き国」は清浄なる天皇の先祖の生誕と対比され、後者をきわだたせる役割を果たしているのである。

八世紀には、触穢とのかかわりで山陵を忌《い》む風潮は、まだなかった。七四二年（天平十四）五月、女帝皇極《こうぎょく》の越智《おち》山陵（大和国高市郡）が崩壊したので、知太政官事《ちだじょうかんじ》鈴鹿《すずか》王らが雑工を率いて現地に赴き、これを修理しており、このとき、釆女《うねめ》や女孺《にょじゅ》等も供奉《ぐぶ》したという（『続日本紀』）。彼らは、陵墓をまったく恐れてはいなかった。したがって、当時、守陵民が山陵とかかわるという理由から、とくに卑賤視されたとは考えがたい。

養老令でも、正規の陵戸のほかに、公戸民から一〇年ごとに交替する守陵民を採用する原則は継承されている。これを守戸《しゅこ》といったが、このように、令制下では、守陵民には一貫して、百姓からも充てられるしくみであった。守陵民が民衆に忌避される特殊な存在とみなされていたら、守戸政策などうまくゆくはずがなかろう。

中国の陵戸

養老令で陵戸の語を用い、かつ、これを賤身分におとしたのは、当時の中国のありかたにならったものであろう（浜口重国「唐の陵・墓戸の良賤に就いて」『史学雑誌』四三―八、一九三二年）。中国における守陵民の制度は漢代にさかのぼるが、これを陵戸と呼び、賤身分としたのは、唐代になってからのことらしい。唐初より、玄宗《げんそう》皇帝の七二九年（唐の開元十七）までは、陵戸は賤身分であった（『唐大詔令集』巻七七）が、一部に近辺の良人の戸を充てている場合もあった。それが、開元《かいげん》十七年十一月の大赦令《たいしやれい》で、五帝陵（定《てい》陵・献《けん》陵・昭《しよう》陵・乾《けん》陵・橋《きよう》陵）の陵戸が放賤従良《ほうせんじゆうりよう》され、その一代は陵の灑掃《さいそう》に充てるが、その後は側近の百姓をこれに充て、徭役《ようえき》を免除することとしたのである。これ以降、五帝陵以外の陵戸も解放され、しだいに側近の下戸をもって守衛させる体制に変わったものと思われる。唐代に陵戸を賤身分とした理由は、はっきりはわからないが、日本令の陵戸に対応する官賤身分である雑戸《ざつこ》が、前代に罪を犯したために没官《ぼつかん》されたものであるとされていたことと、陵戸を「灑掃」と表記することがあり（『唐六典《とうりくてん》』巻三）、その職掌が賤役とされたことなどによるものとも考えられる。

養老令が一応の成立をみた七一八年は、唐の開元六年にあたり、まだ中国では陵戸の身分は賤とされていた。養老令は、七〇一年施行の大宝令とあまり内容では異ならず、字句や用語を変えたり、条文上の矛盾を修正するにとどまったといわれている。七一八年以後も修正が加えられていたらしいが、編纂の中心にあった藤原不比等《ふひと》が七二〇年に没したため、結局は中途半端な改訂に終わってしまう。この新令が施行された七五七年には、唐ではすでに陵戸には側近の良民戸が充てられていた。それにもかかわらず、新令で陵戸を賤身分にしたまま施行したのは、陵墓管理の強化が当時の政策課題であったからと推測される。陵戸を管轄する官司は、七二九年（天平元）までは職員が正《かみ》一人・佑《まつりごとひと》一人・令史《さかん》一人の諸陵司《みささぎのつかさ》がおこなっていた。この諸陵司は、天平改元の際に昇格して諸陵寮とされている。しかも、職員は頭《かみ》・助《すけ》・大允《たいいん》・少允《しょういん》・大属《たいぞく》・少属《しょうぞく》各一人からなる大寮とされたのである。聖武《しょうむ》天皇は、改元の日、「大陵《たいりょう》に使いをつかわして幣《ぬさ》を奉《たてまつ》」っているが、皇陵政策を重視する方向がうかがわれるのである。したがって、皇陵政策を貫徹するうえでも、従来の陵戸を身分上でも固定することが良策と考えられたのであろう。

荷前行事と触穢思想

このように、日本の陵戸が賤身分とされたことと、死穢・罪穢といったケガレ観念は無関係であった。陵戸制は、構造的に、良民戸をもって次々に補充せねば、成り立っていかないものであった。陵戸にたいする差別は、陵戸を賤身分に固定し、諸陵寮の管轄下においたことに端を発するものであろうが、それは、死穢などのケガレを理由とするものではなく、雑戸などと同様な、官司への隷属性と陵戸籍への附貫《ふかん》、家人奴婢と同様に賤身分を世襲することなどであったろう。はたして、後代の人が推測するほどに、陵戸民は死穢に関連づけて卑賤視されたのであろうか。今日でも、触穢《しょくえ》思想が強まる平安以降には、山陵を仕事の場とする陵戸は死穢とのかかわりで見られることになり、それゆえに卑賤視されたと考えられているが、少なくとも平安末までの文献史料においては、陵戸をそうした差別意識でみる事例は皆無である。山陵そのものが、触穢思想に取りつかれた平安貴族・官人層によって、特別の目でみられるようになるのは、十世紀以降のことである。

『続日本後紀《しょくにほんこうき》』の八五〇年（嘉祥三）三月甲午条にみえる宣命《せんみょう》に、桓武《かんむ》天皇の柏原《かしはら》山陵（山城国紀伊郡）の内部に百姓が立ち入って樹木を斫《お》り、陵を穢《けが》したため、「御陵司等」を処罰し、「御陵守等」を交替させたとある。九世紀中ごろの、都にちかい山城国の民衆にとっても、山陵はすこしも怖《こわ》い場所ではなかったのである。宣命の中では、「御陵守」ともいわれている。むろん、これは陵墓に埋葬されている天皇等にたいする尊敬語ではある。だが、実際に陵戸が死穢で穢れた存在であったとしたら、もっと別の表現がされたのではなかろうか。

山陵への忌避を具体的にしめすのは、十二月の陵墓への荷前《のさき》奉献儀式への使者とされた官人等の「闕怠《けつたい》」である。荷前奉献儀式には、諸陵寮から、各預人《あずかりびと》とされている人びとに幣物《へいもつ》（諸国から貢納された初穂《はつお》・初荷）を班《あが》ち、諸陵墓に献ずる「常幣《じょうへい》」と、天皇出御《しゅつぎょ》の建礼門《けんれいもん》前での儀式ののち、近陵へは非参議《さんぎ》以上が、また近墓へは四位・五位の官人が派遣される「別貢幣《べっこうへい》」があり、同じ日におこなわれた。起源はさだかではないが、『延喜式《えんぎしき》』では「別貢幣」を献ずるための使者を荷前 使《のさきのつかい》といった。九世紀後半ごろには、貴族・官人社会における触穢思想が高まり、十世紀に入ると、荷前使とされた上級官人らは山陵に近づくことを忌避するようになって、にわかに病気となったり、不参者が増加するようになる。それより以前、八四一年（承和八）ごろには、神功《じんぐう》皇后陵への「例貢《れいこう》」（常幣）に、預人らが赴かず、陵戸人に代行させていたことがわかり、それが祟《たた》って雨が降らず干天《かんてん》がつづいているとして、関係者が叱責《しっせき》されている（『続日本後紀』承和八年五月辛巳条）。当時は、まだ陵戸を荷前行事に用いることは違法とされていたのである。しかし、「常幣」行事への官人らの「闕怠」はその後もつづいたらしく、八六四年（貞観六）の大蔵省例《おおくらしょうれい》では、荷前の日の朝、諸陵寮の官人が陵戸等を率いて、幣物を大蔵省正倉院の大庭に運び積み上げさせるとあり、陵戸もこの荷前行事に組み込まれていった様子がうかがえる。当時は、人や動物の死穢・産穢《さんえ》が原因で、祭祀儀礼が日延《の》べとなったり、ときには神社の移転騒ぎや臨時の大祓《おおはらえ》が実施された。とりわけ、死のケガレに触れることは、貴族官人層のもっとも恐れるところであった。こうした救いがたい感覚に取りつかれた彼らの目に、忌むべき山陵と陵戸の職掌上のつながりが改めて認識され、しだいに陵戸を死穢と結びつけて卑賤視するようになった可能性は否定できない。だが、それは、まったくもって、一握りの支配層の触穢思想で歪んだ意識の内でのことであったろう。

同じころ、「愚昧の輩《ぐまいやから》」(『日本三代実録』貞観十三年閏八月二十八日条)と呼ばれた百姓たちは、葬送・放牧の地に指定されていた山城国葛野《かどの》郡・紀伊郡の河原を、耕作地として争って「占営《せんえい》」しようとしていたのである。『延喜式』では守戸と唐風に記されている仮の陵戸・墓戸には、当時、京戸や浪人が充てられているが、とくに問題は起きていない。宮中と貴族社会に蔓延《まんえん》する触穢思想は、民間にはそれほど影響を与えなかった。彼らは、日常的に、さまざまなケガレとかかわらねば生きてはいけなかったのである。したがって、古代後期においても、一般社会で陵戸を死穢と結びつけて卑賤視する風潮は生まれなかったであろう。養老令以降の陵戸にたいする卑賤観は、家人奴婢《けにんぬひ》にたいするそれとそれほど変わらなかったのではないか。

『続日本紀』七六六年（天平神護二）四月庚寅条に、諸陵寮の冤枉《えんおう》によって陵戸とされた大和国人高志毗登久美咩《こしびとくみめ》ら一七人が、訴良《そりょう》を認められ、陵戸の戸籍から除かれたと記す。養老令施行後、最初の造籍《ぞうせき》は七五八年（天平宝字二）に実施されたが、その際、はじめての陵戸身分の確定と陵戸籍への登録において、諸陵寮が権力的に、本来陵守ではなかったものをも賤身分につけてしまったようである。普通の公戸民からみれば、やはり、婚姻規制をうけ、解放されることもない陵戸とされることは受け入れがたいことであったのだろう。陵戸への卑賤視は、直接には律令国家がこれを賤身分に組み入れたことによって生まれたものと考えられるのである。

なお、近世になって、守戸を夙《しゅく》と結びつけ、陵戸が被差別部落の夙（古くは宿と記した）の源泉であるとする理解が生まれるが、発音が似ているというだけの根拠以外にないのではないか。今日では、シュク＝守戸起源説は否定されている。陵戸は家人奴婢にくらべれば、「五色の賤」のうち、もっとも永く存続した身分呼称ではある。延喜段階から、十世紀末ごろまでは存続が認められるが、その後、平安末にかけて陵戸制は衰退していったものと推測される。

大和放光寺の奴婢

寺奴婢とケガレ

古代の賤身分のうちで、死穢《しえ》とかかわる機会がありそうなものは、寺院の家人奴婢であろう。お寺といえば、すぐに現代のわれわれは葬式・死者供養《くよう》などを連想するからだ。だが、寺院が葬儀とかかわりはじめるのは、平安時代以降のことである。奈良時代までの寺奴婢たちは、葬儀とはまったく関係しなかったわけである。平安中期には、浄土教《じょうどきょう》が貴族社会を中心に普及するようになったが、そのころから、人びとは阿弥陀仏《あみだぶつ》の極楽浄土《ごくらく》に往生《おうじょう》するため、葬儀において密教《みっきょう》の修法《しゅほう》などをおこなうようになった。

空海《くうかい》が完成させた真言密教《しんごん》では、真言宗（大日如来《だいにちにょらい》が教主）でもっとも重視された真言

(mantra. 本来は神聖な呪句、真言宗では大日如来の言葉の意）である光明真言《こうみょうしんごん》を誦《じゅ》して土《ど》砂《しゃ》を加持《かじ》（行者が仏と一体になり、仏の超自然的な力を引きだすこと）し、この土砂を遺体や墓などに置くと、亡者《もうじゃ》が地獄や餓鬼道《がきどう》・畜生道《ちくしょうどう》あるいは阿修羅《あしゅら》の世界で苦しんでいても、土砂の功徳《くどく》によって光明を得て、極楽浄土に往生することができると説かれた。九八八年（永延二）の源信《げんしん》の撰になるいわゆる「十二箇条起請《きしょう》」にも臨終《りんじゅう》葬送に関して「一、光明真言をもって土砂を加持し、亡者の骸《むくろ》に置くべきこと」と定めている。

最澄《さいちょう》が開いた天台宗《てんだいしゅう》では、三代座主《ざす》円仁《えんにん》のときに、比叡《ひえい》山東塔虚空蔵尾《こくうぞうお》に、阿弥陀仏を本尊とし、常行三昧《じょうぎょうざんまい》（九〇日にわたり、昼夜阿弥陀仏像のまわりを念仏を唱えながら歩きまわる修行）をするための堂、すなわち常行三昧堂がはじめて建てられたが、天台の常行三昧が葬儀に用いられるようになるのは、やはり平安中期以後のことであった（薗田香融「平安仏教の成立」『日本仏教史Ⅰ　古代篇』所収、法蔵館、一九六七年）。

また、貴族社会では、十一世紀以降、藤原氏の北家《ほっけ》の墳墓の地とされた宇治市木幡《こはた》に建立された浄妙寺《じょうみょうじ》（木幡寺）のような「墓寺《はかでら》」（菩提寺《ぼだいじ》）が造られるようになった。このように、寺院が葬儀や墓地と密接なかかわりをもつようになると、かえって僧尼らの触穢にたいする感覚は敏感となり、死穢に直接触れる人びとへの嫌悪感《けんおかん》をつのらせたものとも考えられる。けれども、平安中期ごろには、まだ、一般的には寺院内においても、死穢をそれほど恐れてはいなかったのではなかろうか。

平安中期の仏教説話集である『三宝絵詞《さんぼうえことば》』（源為憲《ためのり》撰）中巻第十八話「大安寺《だいあんじ》の栄好《えいこう》」には、次のような場面が描かれている。

大安寺の僧栄好は、寺から支給される飯四升を毎日四等分し、一つは寺の外に住む老母に、一つは乞食僧に、一つは自分の食料に、最後の一つは彼に仕える童子に与えていた。ところが、ある日、栄好は急死してしまった。童子は師をどうやって葬ればよいかわからず、また栄好の母の明日の食事をどうしたらよいのか、途方にくれて泣いていると、栄好と仲のよかった勤操《ごんそう》という僧が、栄好に代わって、今後は童子と老母にご飯を分けてくれることになった。年老いて衰弱している母には栄好の死を内緒にし、その夜、栄好の死体は勤操と童子のふたりがかついで山の奥へ運んでゆき、寺の中にも、栄好はしばらく他所へ出かけて留守ということにした。翌年の春のこと、僧坊に集まった客をもてなした勤操はつい、薬酒を飲んで眠りこんでしまい、そのため、童子が老母のもとに食事を運ぶのが遅れてしまった。そのため、老いた母は、食事時間が遅れたことで気分がすぐれないという。童子は悲しみでいっぱいになり、その場に倒れ伏して泣きだした。老母が怪しんで尋ねると、童子はついに隠してきた栄好の死を伝えてしまった。すると、老母はびっくりしてそのまま息絶えてしまった。これを聞いた勤操は、「自分が実の子であったなら、このような過ちはしなかったであろう」といい、老母の亡骸を童子や七人の同法者らでもって石淵寺《いわぶちでら》（大和国添上郡）の山の麓に葬った。

右の説話は、『石淵寺縁起』から採られたものとされており、ストーリーは八世紀末ごろのこととして描かれているが、死者にたいする生者のかかわりかたなどは、『三宝絵詞』が撰述された九八四年（永観二）ごろのものと考えてよかろう。ここでは、肉親でもない人びと、とくに寺の童子や僧が遺骸と直接かかわっており、童子は栄好の亡骸のある僧坊からそのままご飯を老母のもとに持参しているなど、宮中などで厳しく忌避されたような触穢の意識はまったく感じられない。後述する中世的な感覚とははなはだ異なっており、こうした事情のもとでは、当時の寺奴婢が、触穢思想によって卑賤視されたというようなことは考えがたい。十世紀には、阿弥陀聖《あみだひじり》と呼ばれた浄行者《じょうぎょうしゃ》たちが、都の路地《ろじ》等に遺棄されている死骸を念仏を唱えて成仏《じょうぶつ》させ、ときには遺体を火葬に付していたのである。

放光寺の奴婢

『三宝絵詞』からほぼ一世紀半ばかり後の十二世紀前半ごろの説話集とされる『今昔物語集《こんじゃくものがたりしゅう》』第二九巻第一七話に、寺に宿泊した旅の僧が急死したことで、寺内の僧たちがその遺体を寺の外に除去するため四苦八苦《しくはっく》する話がみえる。結局、僧たちはみずからの手では遺体を動かすことができず、里《さと》の住民の手を借りてようやく死穢の恐怖から逃れることができる。平安末期には、触穢思想が一般社会にも広がってきていたことがうかがわれる。ところで、実は直接に寺奴婢と触穢のかかわりをしめす文献が、一点だけ存在する。それは、次の『放光寺古今縁起《ほうこうじここんえんぎ》』の寺奴婢に関する一節である。

一寺役《じえき》に駆使《くし》する奴婢百廿人。（中略）件《くだん》の奴婢は、金堂・経蔵・封倉に八十人を分配し、夜々警護せしむ。法堂・食堂・宝塔に四十人を省置《しょうち》し、番々宿直《とのい》せしむ。恒例規模の斎会《さいえ》には、満寺路区を掃除し、季節月正の講莚《こうえん》には、三堂法塔を拭《ぬぐ》い清め、斎《さい》月《げつ》の修繕、時々床塵《しょうじん》を洗い、結夏安居《けちげあんご》、日々庭草を払い、造寺造営、加用励象《れいしょう》、臭《しゅう》垢触穢《くしょくえ》、抜退《ばったい》して逗《とど》める勿《なか》れ。

最後の一句に臭垢触穢《しゅうくしょくえ》の除去という仕事が見える。犬や鶏その他の動物の死骸の除去から、寺内で死去した僧などの遺体を運びだすことまで寺奴婢の職掌とされているのである。もっとも、この『放光寺古今縁起』は、一三〇二年（正安四）に僧審盛《しんせい》が記述したものである。右に引用した部分のほかに、敏達《びだつ》天皇から皇極《こうぎょく》女帝に至る数次の奴婢施入があったとか、放光寺（大和国）の創建を敏達朝と書くなど、にわかに信じられない記事も少なくない。奴婢の員数を一二〇人とするのも、きわめて疑わしい。ただ、奴婢の職掌の部分は、「臭垢触穢の抜退」を除けば、『東大寺要録《とうだいじようろく》』にみえる寺奴婢職掌と大差はない。触穢思想の広がりを考慮すれば、平安末期ごろの寺奴婢の職掌に新たな触穢除去の仕事が加わることは大いに有り得ることではある。けれども、実際にそのころ、放光寺がまだ奴婢を所有していたかどうかは、いささか疑問である。また、もともと、寺奴婢は寺内外の灑《さい》掃《そう》を重要な職掌としていたわけであり、ときには死骸の除去などの仕事にもたずさわったであろう。ことさらに、「臭垢触穢の除去」を灑掃から分離して強調するところに、審盛の記述がやや観念的であるとの感をいだかせる。なお、筑前《ちくぜん》の観世音寺《かんぜおんじ》への寺奴婢食料の支給を、官が廃止するのが九八九年（永延三）のことであり、一〇二四年（万寿元）には、上野《こうずけ》国群馬《ぐんま》郡の定額寺《じょうがくじ》である法林寺《ほうりんじ》の籍にある寺奴婢四六人は、「皆ことごとく逃亡・死去」と報告されている。触穢と寺奴婢が結びつけられる条件が成立したころには、すでに寺奴婢制は崩壊に瀕《ひん》していたのであり、したがって、このような人びとが忌避した仕事を受け持つことになるのは、寺奴婢とは系譜的にはつながらない「非人」などの中世的な被差別民であったと思われる。

鬼とされた今良

鬼として追われる方相氏と侲子の今良

平安後期の宮廷における年中行事に、見過ごしてはならないひとつの変化が起きていた。大晦日《おおみそか》の当日、大祓《おおはらえ》のあとにおこなわれた大儺《たいな》の儀式は、八七〇年（貞観十二）以降は追儺《ついな》と呼ばれていたが（嵐義人「儺儀改称年代考」『国学院大学日本文化研究所紀要』四六、一九八〇年）、以前は目に見えない悪鬼《あくき》（ケガレの象徴）を方相氏《ほうしようし》（大舎人の長《おさ》）と侲子《しんし》（今良《ごんろう》の子ども）が先頭に立ち、群臣とともに宮殿の門外へ追いはらう儀式であった。ところが、十二世紀はじめの鳥羽《とば》天皇のころの宮廷で実施された年中行事を図解した『雲図抄《うんずしよう》』には、儺《だ》王（方相氏）は侲子を率いて仙華門《せんかもん》（紫宸殿《ししんでん》西側）に入り、東庭を経て滝口戸《たきぐちのと》に出る。侍臣、孫庇《そんぴ》（ひさしの外にさらに出しそえたひさし）にて、これを射《い》る。女官、葦《あし》の弓箭《きゅうせん》（弓矢）を献ず。逐電《ちくでん》。

と記されている。儺王、つまり方相氏は群臣の弓矢に射られながら、侲子とともに逐電、すなわちすばやく逃げ去っているのである。これは、方相氏と侲子がともに、鬼を追うものから、鬼として追われるものに、立場が逆転してしまっているのである。

十一世紀末から十二世紀初頭ごろに大江匡房《おおえのまさふさ》が撰述した『江家次第《ごうけしだい》』でも、「殿上人《てんじょうびと》、長橋内にて方相を射る」としており、侲子に扮した今良の子どもたちもまた、桃弓で射られる小鬼《こおに》の役をつとめたにちがいない。群臣のもつ桃弓・葦矢は、本来、当てるべき的《まと》はなく、矢は空《くう》に放たれたものであろうが、平安末期には方相と侲子に向けられるようになったわけである。

なぜ方相氏と侲子は、鬼ないし小鬼として追われることになったのであろうか。これについては、当時の人びとが方相氏の恐ろしげな姿から、これを鬼と誤解したことによるといわれている（大和岩雄『鬼と天皇』白水社、一九九二年）。確かに大男の大舎人長が扮する方相氏は、『新訂増補国史大系』本『政事要略』所収の追儺行事図（図10）にみえるように、黄金の四つ目の面をつけており、黒衣に朱色の裳《も》をつけ、片手に桙《ほこ》、片手に楯《たて》をもって大

図10　追儺行事　鬼を追う方相氏と侲子の今良（『政事要略』巻29）

声をあげて宮中を駆けめぐる姿は、宮廷人の目には、なにか異様なものにみえたことであろう。だが、そうであろうか。方相氏の扮装は以前から恐ろしい姿であったわけだし、誤解というのも妙なものである。たとえ年中行事の細部の変更であるとはいえ、このような重大な変化については、必ずしかるべき理由があるはずである。その点を考える前に、いつから方相氏らは鬼とされたのかをみておこう。儀式書では先にあげた『江家次第』からであるが、方相氏を弓で射ることの初見は、藤原資房《すけふさ》の日記である『春記』の一〇三八年（長暦二）十二月辛卯条である（三宅和朗前掲書）。したがって、十一世紀初めごろまではさかのぼるようである。侲子の今良が小鬼とされたのも、同じころとみてよかろう。『柳《やなぎ》原家記録《わらけきろく》』にひく『江記《ごうき》』（大江匡房の日記）一〇九一年（寛治五）正月十六日条に、この日近衛府《このえふ》の官人が弓で主殿寮《しゆでんりよう》の今良男の「目間」を突き損じたという。この事件の背景には、追儺行事における衛府の官人等と方相氏・侲子との役割、つまり前者が後者を弓矢で射るという関係があり、それが遠因となっていたものと思われる。方相氏が鬼とみなされる時期をさらにさかのぼらせる見解もあるが、『西宮記《せいきゆうき》』や『北山抄《ほくざんしよう》』には、まだはっきりとした方相の鬼への転換は認められないので、十一世紀はじめまでは鬼を追う立場を維持していたものと考えられ、その後まもなく、鬼とされることになったようである。

十二世紀中ごろに編纂された『伊呂波字類抄《いろはじるいしょう》』には、「方相氏、鬼の名なり」とあり、方相＝鬼という認識はすでに定着している。そして、この逆転した関係はその後、変わることはなかった。十四世紀の『建武年中行事《けんむねんちゅうぎょうじ》』（後醍醐《ごだいご》天皇撰、一三三四年成立）の追儺条には、

大とねりれう鬼をつとむ。陰陽寮《おんようのつかさ》の祭文《さいもん》をもちて南殿《なでん》のへんにつきてよむ。上卿《じょうけい》以下これを追《おう》。殿上人ども御殿の方に立《たち》て桃の弓にている。

とあり、一条兼良《いちじょうかねよし》が書いた有職故実書《ゆうそくこじつしょ》である『公事根源《くじこんげん》』（一四二二ないし二三年成立）には、

鬼といふは方相氏の事なり。四目ありておそろしけなる面をきて、手にたてほこをもつ。又侲子とて廿人、紺の布衣きたるものを率して内裏《だいり》の四門をまはる也。

と記す。

方相氏と葬送儀礼

方相氏が儺王から疫鬼《えきき》に転落せしめられた原因は、十世紀を画期として、宮廷を中心とする貴族社会における触穢思想が発展する過程で、方相氏がかつて葬送儀礼にかかわったことが想起されたこと、したがって、方相氏を死者死霊を意味する鬼と同一視する観念が、貴族官人層のなかに生まれたことによるもの

と考えられる。

宋《そう》の劉義慶《りゆうぎけい》が五世紀に著した『幽明録《ゆうめいろく》』に、方相のお面をつけた人が、方相神《ほうしようしん》として死者の埋葬に立ち会っており、邪悪なものが死者の安らかな眠りを妨げないように、墓地の四方を見張る役をつとめたことがみえる。このような中国的葬送儀礼は、六世紀末のわが国にも伝わっていた。五九三年（推古元）正月、嶋大臣《しまのおとど》といわれた蘇我馬子《そがのうまこ》の邸宅（現在の明日香村石舞台《いしぶたい》古墳のあたり）から、仏舎利《ぶつしやり》（シャカの遺骨）を法興寺《ほうこうじ》（飛鳥寺）へおくる儀式がおこなわれたが、このとき、第四の車には「引導《いんどう》の方相」が載《の》せられていたという（『玉林抄《ぎよくりんしよう》』巻八所収『本元興寺縁起』）。引導とは、仏教では葬式の際に、僧が死者に極楽往生の法を説くことを意味するが、ここでは方相が法興寺に仏舎利を導くことをいっているのであろう。

方相氏の役割については、古く『周礼《しゆらい》』夏官《かかん》・司馬《しば》条に「方相氏掌。（中略）百隷《ひやくれい》を帥《ひき》いて、（中略）大喪《たいそう》において、匶《きゆう》（柩《ひつぎ》）に先行し、墓に及びて壙《あな》に入り、戈《ほこ》をもって四隅を撃《う》ち、方良《ほうりよう》（魍魎《もうりよう》、もののけ）を殴る」とみえる。つまり、方相氏は柩の先導をするだけではなく、墓地において、みずから墓穴に入り、黄金の四目と戈によって邪悪な物《もの》の怪《け》を追いはらうのである。古代中国では、葬送に、上級貴族は四目の方相氏を、中・下級の官人らは二目の魌頭《きとう》と呼ばれる鬼面《きめん》をかぶったものが用いられた。しかし、日本には方相氏しか伝わらなかったようである。葬式のとき、柩を載せる車は轜車《じしゃ》と呼ばれたが、令制下の高貴な人びとの葬儀に、方相がこのひつぎぐるまを先導したことは、大宝令（七〇一年施行）の注釈書に、「方相轜車《ほうしょうじしゃ》」の説明がなされていることから明らかである。ただし、律令時代には、実際に方相氏が用いられた例は、天皇と太上《たいじょう》天皇の葬儀以外にみられず、これに養老令の喪葬令《そうそうりょう》親王一品条にみえる親王一品と太政大臣の葬儀への「方相車」一具の支給規定が存在するくらいである。中国とくらべて、ごく限られたトップクラスの貴人にしか用いられなかったようである。

方相氏を葬儀に用いることは、記録のうえでは九世紀中ごろの文徳《もんとく》天皇の葬儀が最後である。『延喜式』にもみえないので、十世紀前半にはすでに廃《すた》れていたものと思われる。したがって、十世紀以降は、宮廷人たちには方相氏の姿は、追儺行事のなかでしかみられなくなったのであるが、それから約一世紀を経て、触穢思想に侵された彼らの目に、方相氏は死者とかかわる忌むべき存在であったことが改めて想起され、桃の弓・葦の矢で駆逐《くちく》すべき対象とされることになったのである。

追われる鬼の系譜

宮奴婢の系譜をひく今良《ごんろう》の子どもたちが扮した侲子もまた、小鬼として追われる立場に転落した。しかしながら、方相氏が触穢思想によって忌避されたことはまちがいないのであるが、侲子の場合はその巻き添えを食った感が強い。あるいは、方相氏にしたがう百隷にあたる存在としてみられたものかとも思われるが、いずれにしても今良身分はこの段階で、はじめて触穢とのかかわりで卑賤視されることになったのである。だが、宮廷等における追儺行事は、中世にはいってまもなく廃れてしまう。一方、平安後期ごろより、寺院や神社では、修正会《しゅしょうえ》・修二会《しゅにえ》などの法会《ほうえ》の結《けち》願《がん》日に、鬼面（追儺面ともいう）をもちいた鬼追いの儀式をおこなっていた。そして、注目すべきは、十四世紀初頭の石清水八幡宮《いわしみずはちまんぐう》の修正会において、「達磨《だるま》」と呼ばれる鬼役を、境内の散所《さんじょ》法師らがつとめていたとされることである。散所法師とは、ここでは石清水八幡宮の境内の一部をたまり場とする（このような浮浪者の群や居場所を散所という）乞食法師のことと考えられ、身分的には中世の被差別民を包括する非人身分に属するものといってよい。非人法師は、僧形《そうぎょう》をしているが、必ずしも坊主ではなく、平安後期ごろから河原などに居住していた没落民と考えられている。僧形をとるのは税負担を逃れたり、布施《ふせ》に預かったりするためであろう。

また、鎌倉時代の法隆寺では、この鬼走り・鬼追いの行事に、父鬼・母鬼・小鬼の三面の追儺面が用いられたらしく、同寺西円堂《さいえんどう》にはこれらの仮面が伝わっている。小鬼面の存在は、仮子の今良を想起させる。

平安末までは、宮中の鬼やらい行事で、古代の賤身分の系譜を直接にひく今良が鬼とされたことと、中世の神社における追儺式の意義を有する法会＝修正会・修二会に、中世の被差別民である非人身分の散所法師が、鬼の面をかぶせられ、追いやらわれていたことは、決して偶然ではないだろう。

ただし、古代と中世の違いは、中世では鬼とされた人びとが、らい病人やその管理を職能とする乞食法師、つまり追儺行事で追いやらわれる疫病を可視的《かしてき》に体現する人びとであったことである。鬼とは、古代人にとって、そのモノノケ（鬼気《きき》）により、病と死をもたらすおそろしい存在であった。古代社会では、この目にみえない疫鬼を破邪《はじゃ》の力を有する方相氏によって国家の領域の外に追いやったのであるが、古代末期には死穢への恐怖を中核とする触穢思想と結びつけられ、おどろおどろしい仮面をかぶった方相氏とそれにしたがう仮子の今良たちが、鬼に見立てられて追いやらわれた。その延長線上に、中世の「非人」が、疫病そのものとして追われる鬼にあてられたのである。らい病（ハンセン氏病）

図11　鬼か蛇のように描かれる蝦夷民（『清水寺縁起絵巻』東京国立博物館蔵）

は今日では、普通の病気と考えられるようになったが、前近代社会では、他人に伝染する不治《ふち》の病いとして恐れられていた。中世の社会では、このような重病人を、非人身分の中核に据《す》え、これを卑賤視していたのである。

また、この時代には、追いやらわれた鬼が行きつく国家の境界の外に住む人びとを、鬼とみなす歪んだ観念も生まれた。中世の『清水寺縁起絵巻《きよみずでらえんぎえまき》』には、「蝦夷」がまるで鬼か蛇のごとく描かれている（図11）。後世、東北地方や佐渡にちかい能登《のと》半島に、「なまはげ」ないしこれと同様な、ケガレを祓い新年を祝福する善《よ》い「鬼」が活躍したり、隼人《はやと》の地南九州の大隅《おおすみ》半島などでは、疫病や災禍《さいか》を防ぐものとして追儺の鬼を評価する信仰がおこるのは、儀礼を利用した国家の排外思想にたいする、差別された側の民衆による一種の抵抗とみてもよかろう。

室町時代以降近世の社会では、諸国の社寺において、二月の節分の日に、追儺祭がおこなわれるようになる。一五二四年（大永四）の宮中における追儺行事では、衛士《えじ》が「追儺役人」とされ、右衛門府《うえもんふ》衛士が鬼面をもって走る役、つまり鬼役をつとめたことが『諸司《しょじ》職掌《しきしょう》』にみえる（丹生谷哲一『検非違使』平凡社、一九八六年）。宮中での追儺が復活したころには、すでに今良の子どもらの姿はなかったのである。

非人逸勢

非人の姓

八四二年（承和九）七月十六日、前日に崩御《ほうぎょ》した嵯峨《さが》太上天皇の葬儀がおこなわれ、陵は葛野《かどの》郡山北の幽僻《ゆうへき》の地が指定された。後に承和《じょうわ》の変と呼ばれる事件が発覚したのは、その翌日のことであった。春宮坊《とうぐうぼう》の帯刀《たちはき》（武装した舎人）伴健《とものこわ》岑《みね》と、但馬権守《たじまのごんのかみ》従五位下　橘《たちばな》朝臣逸勢《はやなり》らが謀反をはかったとして、近衛府の兵士らが彼らの私宅を囲み、主犯のふたりと健岑の同族三人を逮捕、拘禁《こうきん》した。翌日から二日にわたって罪状認否《にんぴ》の尋問《じんもん》がなされたが、ふたりはなかなか罪を認めなかったので、三日目からは拷問《ごうもん》を加え、結局、二十八日に逸勢は橘姓を剥奪《はくだつ》され、非人姓を付されて伊豆《いず》国に配流《はいる》となり、健岑は隠岐《おき》国に流罪《るざい》とする処分が下された。ともに、流罪では一番重い遠流《おんる》であった。

逸勢は伊豆へ流される途中、遠江《とおとうみ》国で死去するのであるが、注目されるのは彼が非人という姓をつけられて流された点である。過去に、謀反などの重罪に問われた王侯貴族・官人等が、勝者によって侮蔑《ぶべつ》的な姓名に変えられて配流されたりしたことは、しばしばあった。たとえば、七五七年（天平宝字元）の橘朝臣奈良麻呂《ならまろ》の乱の後、連坐《れんざ》した黄文《きふみ》王（長屋《ながや》王の子）は多夫礼《たぶれ》（気が狂ってる者の意）に、道祖《ふなど》王（先の皇太子）を麻度比《まどひ》（迷ってる者）に、大伴古麻呂《おおとものこまろ》・多治比犢養《たじひのこうしかい》・小野東人《おののあずまひと》・賀茂角足《かものつのたり》らの姓は乃呂志《のろし》（愚《おろ》か者）と変えられたうえ、拷問死している。これを易名《えきめい》という。政争に勝利したものが、敗者を永久におとしめるためにしたものであるが、たいていの場合、勝者によるでっちあげ事件を糊塗《こと》するためのものであり、他へのみせしめでもあった。承和の変も、実は藤原良房《よしふさ》の謀略によるでっちあげ事件であった。事変の直後に、皇太子恒貞《つねさだ》親王（母は嵯峨天皇の皇女正子）はその地位を剝奪され、代わって道康《みちやす》親王（母は藤原順子、後の文徳《もんとく》天皇）が立太子しているのである。事件の八年後には、橘逸勢は無実であったとしてもとの位にもどされ、その後、逸勢の祟《たた》りを恐れた藤原氏らは、彼を御霊会《ごりょうえ》にまつっている。非業《ひごう》の死を遂げた王侯・貴族の死霊《しりょう》が、人びとに疫病や災厄《さいやく》をもたらす神（御霊）となって祟るとする観念は、奈良時代にもすでに存在した。橘奈良麻呂の変の後、民間では奈良麻呂の「亡魂《なきたま》」に仮託《かたく》した流言蜚語《りゅうげんひご》が生まれ、御霊の祟りを封じるための御霊会がおこなわれたという。また、八世紀末に編纂された『日本霊異記《にほんりょういき》』には、長屋王の変に関連する説話のなかで、自殺した長屋王の遺骨が土佐に流されたため、同国に死病をもたらしたという話をのせている。平安時代にはいり、御霊信仰はいっそう盛んになるが、ここで注意すべきは、逸勢もまた当時の人びとに死病をもたらす御霊として観念されたことである。逸勢は美努王《みの》を先祖にもち、性格はおおらかで、入唐《にっとう》した際、唐の文人たちからその学才を高く評価され、「橘秀才」と呼ばれ、隷書《れいしょ》をよくし、当代三筆《さんぴつ》のひとりといわれた人物であった。冤罪《えんざい》を被ったときは、すでに年老いて隠居の身であった。それだけに、その御霊は恐れられたにちがいない。『文徳天皇実録』八五〇年（嘉祥三）五月十五日条には、「流人《るにん》橘朝臣逸勢に正五位下を追贈《ついぞう》し、詔を遠江国に下して、本郷に帰葬《きそう》せしむ」と記す。「非人」の姓も取り除かれたのである。既述のように、奈良時代の詔勅などにおいて、天皇が重罪を犯した王侯貴族を「穢《きた》なき奴《やつこ》」とか奴とよんで蔑《さげす》むことはあった。しかし、古代貴族がこのような非人という姓を賜与《しょ》された例はないといってよい。

非人の原義

非人の語は、仏典より出たものと思われるが、もとは古代インドの邪神天《てん》竜八《りゅうはち》部衆《ぶしゅう》（後に釈尊《しゃくそん》に教化され仏法を守る阿修羅《あしゅら》・夜叉《やしゃ》・竜その他八種の神）や「牛頭人身」の人間ではないもの、あるいは鬼神《きしん》・変化《へんげ》などをさす語であった。また、『春秋左氏伝《しゅんじゅうさしでん》』に身体障害者を「非人」と称する例があり、一方、『荘子《そうじ》』には老子《ろうし》の無為《むい》自然のありかたや人為《じんい》を超越した天真《てんしん》の境地《きょうち》を「非人」と呼んでいる。

わが国では、招来された仏典を除けば、九世紀の『日本霊異記《にほんりょういき》』中巻第五話にみえる、牛を殺した人が、殺生《せっしょう》の業《なりわい》によって病死し、地獄におちて「牛頭人身」の非人に責められたという話が、この語の使用の早い例である。逸勢に付された非人の意味は、中国的理解より、仏典の語義にちかく、罪を犯して人間の世界から排除されたものということであろう。罪人を卑《いや》しめた表現と考えられる。人間の社会とは、現実的には王権のおよぶ体制下を意味し、そこから放逐されることは、庶民姓におとされ、流罪とされる場合や、奴婢身分におとすのとくらべて、新たな重い処分であったといってよい。非人の位置が庶人はむろんのこと、奴婢より下位にあったことは、たとえば『梵網経盧舎那仏説菩薩心地戒《ぼんもうきょうるしゃなぶっせつぼさつしんちかい》品《ほん》』第十巻下に、法師の語を解するかぎり、受戒《じゅかい》が認められるものとして、国王以下の諸階層があげられているなかで「庶民・黄門《こうもん》・婬《いん》男・婬女・奴婢、八部・鬼神・金剛神《こんごうしん》・畜生ないし変化人」とみえることからも明らかである。非人である八部鬼神等は、序列上は奴婢の下におかれているのである。『梵網経』と同様に、五～六世紀の中国で撰述された『菩薩瓔珞本業経《ぼさつようらくほんごうきょう》』にも「諸根不具の黄門・婬男・婬女・奴婢・変化の人」の序列がみられる。また、『四分律《しぶんりつ》』巻二二では、比丘尼《びくに》が人・非人・畜生の三種の男と淫行すれば、波羅夷《はらい》罪とすることを規定している。波羅夷とは、原義は煩悩《ぼんのう》に負けて淫・盗み・殺人・妄語《もうご》（うそをつくこと）その他の罪を犯すことであり、戒律《かいりつ》のもっとも重い罪とされ、これを犯せば教団を追放された。非人は人と畜生の間に位置づけられているのである。『四分律』では、負債を負う人や奴の受戒を認めていないが、罪人や非人・らい病者等の病人の受戒もまた拒否している。僧伽《そうぎゃ》の清浄を維持し、国家権力が教団に干渉することを避けるためという。

要するに、逸勢の場合、奈良時代の王侯・貴族が重罪を理由に良賤制の枠組みのなかで、身分の降格がおこなわれたのと異なり、現世における身分制の枠外にほうり出されるという、新たな処分を受けることになったのである。もちろん、この段階では非人の称は明確な身分を表わすものではない。しかし、国家への謀反人にこの称が使われたことは重要である。

非人の系譜

非人の語がらい病者・乞食を中核とする中世の被差別民の称として成立するのは、平安後期、十一世紀以降のことである。中世において非人身分にふくまれた人びとは、このほかに死人の処理にたずさわった葬送《そうそう》法師・河原などで死んだ牛馬の処理をする屠者《としゃ》・刑吏《けいり》として犯罪人の追捕《ついぶ》にあたった放免《ほうめん》などから、さらに雑芸能者におよぶ。非人の出自《しゅつじ》は多様であり、『尊卑分脈《そんぴぶんみゃく》』の貴族の系図のなかにも「非人也」と記されるものがみえるし、経済的没落者はむろんのこと、兵乱などで身障者となった人や、らい病などにかかった人など、あらゆる階層から輩出されてくる性格のものであった。

非人の歴史的性格をどうみるかについては、今日においても真摯《しんし》な論争がつづいており、安易な口出しはできないが、古代以来の既存の社会集団から疎外《そがい》された人や、自らはみ出したもので、彼らのもっとも重要な社会的機能は、清浄を要求される場（禁中・都内・寺社など）の「清目《きよめ》」やケガレのキヨメであったということは許されよう。そして、このキヨメという非人の職掌は、興福寺《こうふくじ》・春日社《かすがしゃ》に従属する奈良坂《ならざか》の非人自身がこれを「重役」（一二四四年〈寛元二〉奈良坂非人等陳状）と胸をはって述べていることは無視できない。しかも、この大和の奈良坂非人集団と並びたつ山城の清水坂《きよみずざか》の非人集団も、ともに内部に「長吏《ちょうり》法師」と呼ぶリーダーを擁しており、非人内部の裁きは「坂惣衆」みずからで裁《さば》いている。彼らの下には、二〇〇〇名を超える乞食・らい病者・身障者などが組織されていたが、これをたんに社会的没落者とみなすことは困難であろう。だが、鎌倉時代においても、たとえば十三世紀後半の『塵袋《ちりぶくろ》』に、「キヨメ（中略）ラウソウ（濫僧、非人法師のこと）、（中略）非人、カタヒ（乞食）、エタナト、人マシロヒモセヌ□オナシサマノモノナレ」と記されるごとく、一般社会からは特殊な目で見られていたことは否定できず、社会的卑賤視がはじまっていたと考えられる。

とりわけ、古代前期までの社会では差別の対象ではなかった障害者や重病者が、死穢《しえ》を忌《い》む思想が発展する過程で、共同体や家から排除され、仏教の因果《いんが》思想の影響もあって、身体的にケガレを帯びるものとして差別されたことは注目されねばならない。十世紀以降より鎌倉末ごろまで、悲田病《ひでんびょう》（者）という語がしばしば用いられているが、これは悲田《ひでん》院《いん》に収容されたらい病者や重い皮膚病に感染した人びとをさす語であったらしい。平安京の左右京職《けいしき》のもとにあった東西悲田院は、十世紀中ごろにはすでに葬送の地とされていた土地に近接する、鴨川《かもがわ》西および右京九条大路南に移されており、鴨川と桂《かつら》川の河原の管轄や非人と深いかかわりをもっていたという。悲田院の悲田とは、仏教で慈悲の田という意味であり、『仏説像法決疑経《ぶっせつぞうほうけちぎきょう》』には「悲田とは貧窮・孤老《ころう》ないし蟻子」にいたるまで、慈悲心をおこして布施供養《ふせくよう》することという。要するに、貧窮者・病人などを哀《あわ》れみ救済すれば、福が得られるという仏教の福田《ふくでん》思想に基づいて設置された施設であった。仏教が民衆のなかにも広がるにつれて、触穢《しょくえ》思想はしだいに貴族社会から民衆レベルに拡大されていった。『法華経《ほけきょう》』などを軽んずれば「諸悪重病」の罪報《ざいほう》を受けるとか、『大乗集菩薩学論《だいじょうしゅうぼさつがくろん》』巻六のように、非人にあたる夜叉《やしゃ》・阿修羅等、盲人・聾啞《ろうあ》者などの障害者や過患《かかん》（あやまち）のものを、貪欲《どんよく》なるがためと説く仏典が、らい病者や障害者を京の境や、坂・宿《しゅく》などの境界的な地に追いやり、穢れた存在として管理するうえで大きな役割を果したと考えられる。

非人は、近世社会では乞食が中核となったが、「えた」とともに賤民身分とされた。十八世紀はじめから、密通《みっつう》・心中その他の罪を犯したものが、その刑罰として非人身分におとされた（これを非人手下《てか》という）。いわば、封建道徳に反する性的タブーを犯した罪人が、あらたに非人の列に加えられたのである。

良賤制の崩壊

古代身分制の主柱である良賤制は、官賤《かんせん》については「上からの解放」によって、私賤《しせん》については当事者らと一般民衆の抵抗とによって、平安中期から後期にかけて実質的に崩壊していった。

良賤制の崩壊とその遺制

通説では、賤身分の中心にあった奴婢身分は、延喜以後の平安前期に消滅し、その後は奴婢の語は死語となったとされている。だが、そうした理解をうんだ「奴婢解放令」などの史料を改めて見直してみると、次のような結論に達する。

まず、官賤の場合、実態を有する官奴婢史料の最後は、八〇九年（大同四）の御贖《みあか》官奴であり、法制上では『延喜式《えんぎしき》』の羅城御贖《らじょうみあか》の奴婢に関する規定である。官奴婢のもっとも本質的な機能である天皇のケガレ祓いのための御贖官奴の存在が、平安前期までたどれることは重要である。しかも、官戸・官奴婢は八世紀中ごろすぎに、一旦、天皇によって「解放」されるが、今良《ごんろう》という新たな差別的身分呼称を付され、その後も大半が、従来どおり諸官司に配置され、強い拘束を受けることになった。十世紀の『延喜式』段階では、なお、四四六名が主殿寮《しゅでんりょう》・皇后宮《こうごうぐう》・斎宮寮《さいぐうりょう》・縫殿寮《ぬいどのりょう》・織部司《おりべのつかさ》・斎院司《さいいんし》などに定員化されていた。今良の存在は十二世紀中ごろまで確認できるが、十一世紀以降も、主殿寮・内侍所《ないしどころ》・縫殿・大歌所《おおうたどころ》・御厨子所《みずしどころ》などに出仕し、内廷《ないてい》における諸役と各種行事に奉仕していたのである。

一方、私賤は、七八九年（延暦八）の良賤通婚によって生まれた子を良人とするという格《きゃく》や、八六三年（貞観五）の奴婢の子を記帳するときは必ず父母奴婢の名を注記せよとする格の発布により、しだいに衰退の途をたどり、十世紀の延喜年間にだされた売買による良民の奴婢化を禁止する法令とあいまって、平安後期にはいってまもなく、ほぼ壊滅状態になっていたと考えられる。

民間では、八世紀中ごろすぎには、公戸《こうこ》民による課役忌避《きひ》闘争の一環として賤身分が利用されるなど、奴婢への差別意識はきわめて薄弱であった。こうした民情は、奴婢の逃亡・訴良《そりょう》などの闘争を客観的に助ける役割を果したにちがいない。ひいては、国家による奴婢制の維持を困難にしたと思われる。民衆の抵抗もあって、公権による籍帳《せきちょう》支配が平安以降急速に衰退したこと、つまり個別人身支配体制から、土地を媒介とした新たな収奪体制への切り替えがおこなわれたことなども、奴婢制の衰退に拍車をかけた。

奴婢制そのものは、十二世紀前半の『法曹至要抄《ほっそうしようしょう》』でも否定はされていない。しかし、十二世紀以降の奴婢史料には、奴婢の語が「所従《しょじゅう》」という語で置き換えられることがあり（たとえば『本朝世紀《ほんちょうせいき》』康和五年八月十三日条と『殿暦《でんりゃく》』同年同月三十日条）、その存在形態や労働形態は、多分に中世的なものに転換しつつあったと推測される。

新たな差別のはじまり

古代の賤身分は、罪穢《ざいえ》と結びつけられて成立したものであった。しかし、古代後期には、陵戸《りょうこ》・寺奴婢《じぬひ》・今良《ごんろう》の一部が、貴族社会や寺院等のごく限られた空間において、触穢《しょくえ》思想から死穢《しえ》・汚穢《おわい》といったケガレ観と結びつけられ差別されることがあった。一方、中世の被差別民である非人の場合、その中核をしめるらい病者・乞食や身障者も、仏教的な罪の穢《え》と、これと不可分の「病の穢」を二重に負う存在と考えられていた（丹生谷哲一「中世前期における非人」『部落問題研究』七九、一九八四年）。罪穢や特定のケガレ観でもって、人間を差別する方式は、古代天皇制国家が先駆的に採用し、古代仏教や道教《どうきょう》思想がこれをイデオロギー面で助長したのであった。中世の非人等の被差別民は、古代の賤と血のつながりはない。だが、人を差別し卑賤視する仕方は継承され、さらに発展させられたのである。

仏教の不浄観と殺生《せっしょう》などに関する仏教的罪穢観は、新たな差別を生みだした。『優婆塞《うばそく》戒経《かいきょう》』巻三、受戒品第十四に、優婆塞が殺生戒《せっしょうかい》を破ったときは、「破戒優婆塞、臭《しゅう》・優婆塞、旃陀羅《せんだら》優婆塞、垢《く》優婆塞、結《けつ》優婆塞と名づく」とみえる。このなかの旃陀羅は、古代インドの賤民チャンダーラを音訳したものである。チャンダーラは非法の結婚によって成立した雑種階級であり、婆羅門《ばらもん》（司祭および教育者）から奴隷までのカースト社会の四《し》姓《せい》の下におかれ、非人間的扱いをうけ、人の嫌う仕事を強制された人びとであった。つまりは、四姓階級を維持するために、浄穢《じょうえ》の観念で最下層の人びとを、カースト社会から遮《しゃ》断《だん》するための身分制であったと考えられる。『マヌ法典』では、首陀羅《しゅだら》出身の父と婆羅門出身の母との間に生まれた混血種をいい、犬・豚と同じものとみなしている。中国でも、「殺者」「屠者」などとも訳され、特別な目でみられたが、わが国でもこの意味が伝わり、肉食《にくじき》をするものや屠殺《とさつ》者などは、旃陀羅とみなされた。

真言宗《しんごんしゅう》の宗祖である空海《くうかい》は、その代表的著作の一つ『性霊集《しょうれいしゅう》』のなかで、「我および仏弟子にあらずは、いわゆる旃陀羅《せんだら》・悪人なり。仏法と国家との大賊《たいぞく》なり。大賊は現世には自他の利なく、後生にはすなわち無間《むげん》の獄《ごく》に入る」と書いている。旃陀羅という賤民は悪人であり、現世ではなんの役にもたたず、死んだ後は無間地獄というもっともひどい地獄に落ちるというのである。

旃陀羅の語は、天台《てんだい》や日蓮宗《にちれんしゅう》の根本経典である『妙法蓮華経《みょうほうれんげきょう》』（いわゆる『法華経《ほけきょう》』）や浄土宗《じょうどしゅう》・浄土真宗《じょうどしんしゅう》の三部経のひとつとされる『観無量寿経《かんむりょうじゅきょう》』などにも書かれており、中世には日蓮のように、自分を「日本国東夷東条安房《あわ》国海辺の旃陀羅が子也」（『佐渡御勘鈔』）と宣言し、差別に与《くみ》せぬ宗教者もいたが、仏教信仰を通じ、この語が新たな差別意識を民衆のなかに醸成《じょうせい》する要因のひとつとなったことは否定できないだろう。

『塵袋《ちりぶくろ》』には「天竺《てんじく》ニ旃陀羅ト云フハ屠者《としゃ》也。イキ物ヲ殺テウルエタ体《てい》ノ悪人也」と定義されており、中世社会の不浄観ともあいまって、旃陀羅は「えた」と結びつけられてゆく。近世にはいると、「えた」は非人とともに賤民身分とされる。えたの語は、十三世紀の『天狗草紙《てんぐぞうし》』に、賀茂の河原に住む「穢多童《わらわ》」がみえる。また、一四四四年（文安元）の『下学集《かがくしゅう》』には、えたは「屠児《とじ》・河原者」とある。十六世紀初頭の『七十一番職人歌合』の三六番にはえたがあげられており、「人ながら是《こ》れ畜生《ちくしょう》のごとき（もの）ぞ　馬牛のかはらのもの〻月みてもなぞ」と注されている。一六〇三年の『日葡辞書《にっぽじしょ》』には「Yetta, ヱッタ（ゑった）Chori（長吏）に同じ。いろいろな仕事の中でも、死んだ馬や牛の皮を剝《は》ぎ、その皮でさまざまの物を作るのを職とする身分の卑《いや》しい人々」と記している。近世の賤民であるえた・非人は、系譜的に中世の被差別民をダイレクトに引き継ぐものではなさそうであるが、その一部を再編するとともに、差別の根拠としては、前代までに醸《じょう》成《せい》された仏教的卑賤観が利用されたものと考えられるのである。

参考文献

①石母田正『日本古代国家論 第一部』(岩波書店、一九七三年)。
②西嶋定生『日本歴史の国際環境』(東京大学出版会、一九八五年)。
③野間宏・沖浦和光『アジアの聖と賤 被差別民の歴史と文化』(人文書院、一九八三年)。
④浜口重国『唐王朝の賤人制度』(京都大学文学部内東洋史研究会、一九六六年)。
⑤堀敏一『中国古代の身分制――良と賤』(汲古書院、一九八七年)。
⑥瀧川政次郎『律令賤民制の研究 法制史論叢第三冊』(角川書店、一九六七年)。
⑦部落問題研究所編『部落の歴史と解放運動 前近代篇』(部落問題研究所出版部、一九八五年)。
⑧網野善彦『中世の非人と遊女』(明石書店、一九九四年)。
⑨仲尾俊博『宗教と部落差別――旃陀羅の考察――』(柏書房、一九八二年)。
⑩丹生谷哲一『日本中世の身分と社会』(塙書房、一九九三年)。
⑪神野清一『律令国家と賤民』(吉川弘文館、一九八六年)。
⑫神野清一『日本古代奴婢の研究』(名古屋大学出版会、一九九三年)。
⑬部落解放研究所編『部落史の再発見』(解放出版社、一九九六年)。

あとがき

私たちは、今もさまざまな差別を内包する社会に生きている。今では大いに反省しているが、筆者も子どものころ、在日朝鮮人の子を皆で差別し、いじめた記憶がある。差別される人びとの痛みは、容易にはわからないと思うが、人は平等であるべきだという理念をもつことは、そんなに難しいことではない。

本書は、古代の身分制を通して、差別の根源と差別感情の背後にある卑賤観の内実を明らかにしようとしたものである。差別の歴史的根源が理解でき、差別意識が何によって醸成されたかがわかれば、すくなくとも自分のなかにもある差別感情を取り除く一助とはなろう。

以前、吉川弘文館から刊行していただいた『律令国家と賤民』と、一九九三年にまとめた『日本古代奴婢の研究』（名古屋大学出版会）を下敷きにして、できる限り平易に、この重いテーマについて述べたつもりである。本書の一部には、脱稿段階では未刊行の、二本の論文その他の研究成果も取り入れている。また、本書の性格上、いちいちお断りしなかったが、旧著で引用させていただいた多くの方々の研究成果に依拠してもいる。巻末の参考文献は、テーマと密接に関連する文献のごく一部にすぎない。

本書の刊行に際しては、吉川弘文館の大岩由明・柴田善也両氏のお世話になった。厚く御礼を申しあげる。

一九九五年一〇月二〇日

神　野　清　一

著者紹介
一九四〇年、愛知県名古屋市生まれ
一九七一年、名古屋大学大学院文学研究科博士課程修了
一九九四年、名古屋大学より博士〈歴史学〉号取得
現在中京大学教養部教授
主要著書
律令国家と賤民　日本古代奴婢の研究　日本古代史新講〈共編著〉

歴史文化ライブラリー
8

卑賤観の系譜

一九九七年二月一日　第一刷発行
一九九七年四月一日　第二刷発行

著　者　神《じん》野《の》清《きよ》一《かず》

発行者　吉川圭三

発行所　株式会社　吉川弘文館
東京都文京区本郷七丁目二番八号
郵便番号一一三
電話〇三―三八一三―九一五一〈代表〉
振替口座〇〇一〇〇―五―二四四
印刷＝平文社　製本＝ナショナル製本
装幀＝山崎　登（日本デザインセンター）

歴史文化ライブラリー

1996.10

刊行のことば

現今の日本および国際社会は、さまざまな面で大変動の時代を迎えておりますが、近づきつつある二十一世紀は人類史の到達点として、物質的な繁栄のみならず文化や自然・社会環境を謳歌できる平和な社会でなければなりません。しかしながら高度成長・技術革新にともなう急激な変貌は「自己本位な刹那主義」の風潮を生みだし、先人が築いてきた歴史や文化に学ぶ余裕もなく、いまだ明るい人類の将来が展望できていないようにも見えます。このような状況を踏まえ、よりよい二十一世紀社会を築くために、人類誕生から現在に至る「人類の遺産・教訓」としてのあらゆる分野の歴史と文化を「歴史文化ライブラリー」として刊行することといたしました。

小社は、安政四年（一八五七）の創業以来、一貫して歴史学を中心とした専門出版社として書籍を刊行しつづけてまいりました。その経験を生かし、学問成果にもとづいた本叢書を刊行し社会的要請に応えて行きたいと考えております。

現代は、マスメディアが発達した高度情報化社会といわれますが、私どもはあくまでも活字を主体とした出版こそ、ものの本質を考える基礎と信じ、本叢書をとおして社会に訴えてまいりたいと思います。これから生まれでる一冊一冊が、それぞれの読者を知的冒険の旅へと誘い、希望に満ちた人類の未来を構築する糧となれば幸いです。

吉川弘文館

〈オンデマンド版〉
卑賤観の系譜

On Demand
歴史文化ライブラリー
8

2017年（平成29）10月1日　発行

著　者　神《じん》野《の》清《きよ》一《かず》
発行者　吉　川　道　郎
発行所　株式会社　吉川弘文館
〒113-0033　東京都文京区本郷7丁目2番8号
TEL　03-3813-9151〈代表〉
URL　http://www.yoshikawa-k.co.jp/
印刷・製本　大日本印刷株式会社
装　幀　清水良洋・宮崎萌美

神野清一（1940～）

ISBN978-4-642-75408-8